우린, 조금 지쳤다

우린, 조금 지쳤다

초판 1쇄 발행 2020년 10월 14일
초판 3쇄 발행 2023년 11월 22일

지은이 박종석
펴낸이 박영미
펴낸곳 포르체

출판신고 2020년 7월 20일 제2020-000103호
전화 02-6083-0128 | 팩스 02-6008-0126
이메일 porchetogo@gmail.com
포스트 https://m.post.naver.com/porche_book
인스타그램 www.instagram.com/porche_book

포르체는 여러분의 소중한 원고를 기다립니다.
porchebook@gmail.com

우린, 조금 지쳤다

번아웃 심리학

박종석 지음

포르체

차례

"신들은 지쳤고, 독수리도 지쳤으며,
상처도 지쳐서 저절로 아물었다."

–프란츠 카프카, 단편《프로메테우스》중에서

당신이 아프지 않았으면 좋겠습니다

코로나19와 우울감blue을 합친 '코로나 블루'라는 말이 유행이다. 그도 그럴 것이 집 안에서, 마스크 속에서 갇혀 지낸 지 9개월이 넘었다. 불황은 더 깊어지고, 자영업자들은 줄줄이 폐업하고, 청년들은 역대급 취업난을 마주하고 있다. 그 와중에 서울의 아파트값이 천정부지로 솟더니 기어이 전고점을 찍었다. 개인투자자들은 영혼까지 끌어모을 기세로 돈을 마련해 주식투자에 뛰어들고 있다.

　이처럼 코로나19는 우리의 육체적 건강만 위협하는 것이 아니라, 서로를 고립시키고 상대적 박탈감을 더욱 심화시켰다. 코로나 시대가 만들어낸 그늘과 우울로, 우리는 모두 지칠 대로 지쳤다. 이러한 환경에서 누가 '번아웃'에 빠지지 않을 수 있겠는가.

더욱이 휴일에 해변은커녕 한강공원이나 스타벅스에서 커피를 마시기조차 쉽지 않은 일이 되어버렸다. 노래방도 PC방도 갈 수 없다. 헬스장에서 운동하기도 어렵다. 야구장에 가서 소리 한 번 시원하게 지를 수조차 없다. 무엇보다 학생들이 학교에 온전히 가지 못하고 있다. 누구도 피해갈 수 없는 이 힘든 시간을 그저 견디고만 있는, 지쳐 있는 우리가 걱정된다.

인생의 위기나 전환점 앞에서 두려워할 때 "힘내, 걱정하지 마." 라고 말해주는 친구도 있고, 무엇이라도 도움이 되고 싶은 마음에 실용적인 조언을 주는 친구가 있다.

나는 후자 같은 도움을 주는 친구가 되고 싶었다. "너 자신을 사랑해라.", "이겨낼 수 있을 거야. 잘될 거야." 라는 막연한 공감이 아닌, '어떻게'에 초점을 맞춰 상대의 마음에 다가가고 싶었다. 지질하고 못난 지금 내 모습을 '어떻게' 수용할 수 있는지, 무너진 자존감을 '어떻게' 회복할 수 있는지 구체적인 대안을 함께 고민해보고 싶었다.

15년 동안 정신과 의사로 수많은 사람을 상담하면서 인생 앞에서 용기를 잃고 좌절한 사람들에게는 듣기 좋은 위로보다 실제 내 삶을 조금이라도 바꿔줄 '어떻게'에 대한 방법이 절실하다는 것을 깨달았다.

이 점이 내가 책을 쓰기로 마음먹게 된 이유이기도 하다. 더욱이 친구조차 편하게 만나기 어려운 코로나 시대에 외로움과 우울감, 피로감, 무기력으로 힘들어하고 있을 이들을 위해 글을 쓰고 싶었다. 당신과 공감하고 마음을 일으켜 세우며 그 변화의 기쁨을 글로 공유하고 싶었다.

번아웃을 겪은 한 사람으로서 '당신은 나처럼 오래 힘들지 않았으면 좋겠습니다' 라는 마음이 책 출간을 위한 어려운 집필을 끝낼 수 있게 해주었다. 이 책이 따뜻한 친구처럼 읽히기를 바란다.

두 번째 책이 나오기까지 나를 지탱해준 사람들이 떠오른다. 김혜남 작가님, 포르체 박영미 대표님, 나의 벗 홍식이와 형섭이 형, 그리고 인생을 포기하고 내려놓았던 시절 나의 가능성을 지지하고 믿어준 여자 친구 지은이에게 감사의 마음을 전한다.

정신건강의학 전문의 박종석

번아웃, 우린 조금 지쳤다

Part 1

누구나 한 번쯤
번아웃이 찾아온다

"무엇 때문에 이렇게 힘들고 우울한지 모르겠어요. 특별히 나쁜 일도 없는데…."

원인을 알 수 없는 무력감으로 일상에 한계를 느껴 정신과를 찾는 사람은 의외로 많다. 나는 하루에 대략 30명의 환자를 진료하는데, 그중 10명 정도는 이런 피로와 우울 증상을 호소한다. 특히 업무 스트레스를 지속적으로 겪을 수밖에 없는 직장인에게서 많이 나타나는 증상이다.

그렇다면 우울하다고 다 문제가 있는 것일까? 정상과 비정상의 기준은 뭘까?

정신과 의사들은 심리 장애로서 우울증을 판단할 때 '사회적 기능'과 '대인관계 기능'의 저하를 중요한 잣대로 삼는다. 직장에 자주 지각하거나 무단결근을 하고, 업무에서 번번이 큰 실수

를 저지르는 일처럼 말이다. 또 동료와 언성을 높이고 자주 싸운
다거나, 식사할 때 항상 혼자 먹고, 아무도 만나고 싶지 않다거나
하는 사회적 고립감을 느끼는 것도 중요한 판단 기준이다. 이외
에도 무기력하거나, 식욕이 떨어지고, 내일 출근할 생각에 잠을
못 자는 등 우울 증상은 다양하다.

　흔히 우리는 자존감이 무너질 때 우울해진다. 이는 내가 생
각하는 이상ideal과 실제 현실 사이의 격차가 크게 벌어지는 것에
서 생기는 감정이 자신을 힘들게 하기 때문이다.

　2014년 방영된 MBC 다큐스페셜 '오늘도 피로한 당신, 번아
웃'에서 실시한 설문조사에 따르면, 평균적으로 직장인의 85퍼센
트가 이 같은 우울증의 초기 상태인 '번아웃 증후군'을 경험한 것
으로 나타났다. 번아웃은 우울증이 오기 전에 우리에게 보내는
신호 같은 것으로, 우울증의 경고등이라고 보면 된다.

　어떤 사람들은 번아웃이 슬럼프 상태인 것이냐며 묻기도 하
는데, 이는 의미상 크게 다르다. 슬럼프는 정상적으로 작동하던
내 몸과 마음이 일시적으로 평소와 다르게 기능하지 않는 상태로
당혹감과 짜증, 불안을 야기하는 기간이다. 반면에 번아웃은 만
성적인 상태를 보인다. 자신의 에너지를 모두 태운 사람이 거치
는 필연적인 과정이다. 자신을 돌보지 않고 모든 기력을 다 쏟아
부은 사람만이 번아웃을 경험하는 것이다.

　유노윤호가 한 방송 프로그램에서 "슬럼프가 오는 건 자기
인생에 최선을 다한 것."이라고 말한 적이 있다(정신과 전문의로서

적절하게 바로잡아 보자면 "번아웃이 오는 건 자기 인생에 최선을 다한 것."이라고 표현할 수 있겠다). 보통 번아웃에 대해서는 부정적인 선입관이 있는 듯하다. 번아웃에 빠지면 나약한 것처럼 여겨지고, 어서 빨리 번아웃을 극복하고 원래의 능력을 발휘해야 한다는 압박감마저 느낀다. 하지만 유노윤호의 인상 깊은 말처럼, 번아웃은 내가 최선을 다했다는 증표이자 훈장이다. 번아웃이 온 자신을 다독이며 '그동안 수고했어' 라는 마음으로 번아웃에 대한 공부를 시작하고 치유해 나가면 된다.

번아웃Burnout 증후군이란 미국의 심리학자 허버트 프로이덴버거Herbert Freudenberger가 처음 사용한 용어로 '탈진(또는 소진) 증후군'으로 불리기도 한다. 어떤 일에 과도하게 몰두하다가 신체적, 정신적 스트레스가 누적되어 무기력증이나 불안감, 우울감, 분노, 의욕 상실 등의 증상이 생기는 것을 뜻한다. 한마디로 조절되지 않은 만성 스트레스로 인해 몸과 마음이 고갈된 상태를 말한다.

우리 몸은 면역력이 약해지고 기능이 저하되었을 때 이를 정상으로 회복시키려는 '항상성'이라는 특성이 있다. 번아웃은 이 생태적 특성인 항상성의 기능, 즉 회복 탄력성이 무너진 상태이다. 쉬어도 재충전이 잘 되지 않고 우울감과 무기력증이 만성화된 상태인 번아웃 증후군을 겪고 있다면, 우리 몸이 지금 내게 전하려는 말이 무엇인지 살펴야 한다.

번아웃은 뇌과학적으로 접근한다면, 뇌의 에너지원 역할을 하는 도파민과 만족을 담당하는 보상회로에 이상이 생기면서 스트레스 호르몬인 코티솔이 쌓여 나타나는 증상이라고 설명할 수 있다. 몸을 움직이는 에너지원인 도파민이라는 원료가 바닥나버린 상황이라고 보면 된다.

이렇게 되면 우리 몸은 눈치 없는 주인을 대신해 번아웃의 시그널을 보낸다. '너 진짜 지쳤어. 괜찮지 않아' 라는 메시지를 감정적, 신체적인 신호로 전달한다. 즉 감정적인 피로를 느끼는 것을 넘어 신체적인 통증이 생긴다. 식욕이 떨어지고 맛을 잘 못 느낀다거나 아주 작은 소리에도 예민해진다. 두통이나 근육통이 생기고, 심장이 두근거린다. 소화불량과 변비, 설사, 생리불순이 생기기도 하고, 하루 종일 기운이 없어 축 늘어지기도 한다.

우리가 처한 환경적 원인도 무시할 수 없다. 인터넷, 스마트폰, 각종 IT 기기로 언제 어디서든 일할 수 있게 되었기 때문이다. 퇴근 후에도 여행 중에도 급한 업무 연락을 받으면 답하지 않을 수 없다. 손에서 일을 놓지 못하고, 일과 휴식의 경계가 흐릿해지는 상태가 계속되면 번아웃에 빠질 수밖에 없다.

과도한 부담감도 번아웃의 원인이다. 치열한 경쟁을 부추기는 현대사회에서 완벽함을 강요받고 뒤처지지 않으려 애쓰다 보니 강박감에 시달려, 결국 자신에 대한 통제력을 잃게 되는 것이다. 이런 상태에 이르면 내가 평소에 잘하던 일도 수행할 자신이 없어지고, 어떤 일도 할 수 없을 것 같은 무력감에 빠진다.

번아웃은 원래 좋아했던 취미나 운동, 게임 등 그 어떤 즐거운 일도 흥미 없게 만든다. 감정의 소진이 심해 평소에는 아무렇지 않았던 일에도 날카롭게 반응하게 된다.

　그러나 번아웃이 왔다고 실망하거나 좌절할 필요가 없다. 모든 불행에 의미가 있다고 여겨 과거에 집착하고, 하지 말아야 했을 실수를 헤집어 찾는 것도 의미가 없다. 번아웃은 복잡한 생각으로 번아웃된 나를 또 번아웃시키는 행동을 하지 말라는 몸이 보내는 사인이다.

　다만 내 상태를 인정하고 인생을 관객처럼 한 발짝 물러나 자신을 바라보는 시간을 갖자. 조급함을 내려놓고 나와 만나는 시간을 갖다 보면, 번아웃이라는 증상 덕분에 달라진 눈으로 앞을 바라볼 수 있을 것이다.

열심히 할수록
왜 나를 잃어버릴까

똑같은 감염균(항원)이 인체를 공격할 때 질병이 발생하느냐, 발생하지 않느냐는 개개인의 면역력(항체)의 차이에서 결정된다. 이처럼 인생에서 우리가 번아웃에 얼마나 자주 위협받는지는 '스트레스'에 대한 면역력과 회복 탄력성의 차이에 있다.

몸 안에 저장되어 있던 심적 에너지, 즉 스트레스와 불안, 슬픔을 견뎌낼 수 있는 정신력이 바닥나면 생기는 상태가 번아웃이기 때문이다. 이는 자신이 지쳤다는 것을 인정하지 않거나, 인정해도 쉬는 것을 결정하지 못하는 성향의 사람이 번아웃에 쉽게 빠진다는 의미이다.

지나치게 자신을 채찍질하고 엄격한 사람, 자신의 한계를 깨닫지 못하는 사람, 타인의 기대에 과도하게 신경 쓰는 사람은 번아웃에 노출될 가능성이 높다. 인정 욕구가 커서 무엇이든 열심히 완벽하게 해내야 한다는 강박관념을 갖고 있기 때문이다.

자신이 지쳤음을 모르고 무조건 빠르게 달려 페이스 조절에 실패한 마라토너는 결코 코스를 완주하지 못한다. 하물며 인생의 길은 42킬로미터도 아니고 더 멀고 험하다. 이것만 해놓고, 이번 프로젝트만 끝나면, 몇 억만 모으면, 시험만 붙으면 하는 마음으로 먼 인생을 달려서는 안 된다. 많은 사람이 미래에 대한 막연한 불안으로 오늘을 혹사시켜 희망을 구하고자 한다. 지금의 고통이 미래의 안전을 보장해줄 것이라고, 젊었을 때의 고생이 노후를 든든히 지켜줄 것이라고 믿는다.

'미래'와 '불확실성'. 우리는 이 말들에 과각성過覺醒되어 있다. 지나치게 반응하고 두려워한다. 하지만 어떤 노력도 확실한 미래를 보장할 수 없으며, 단지 변수를 일부 줄일 수 있는 정도이다. 우리 사회에서 미래를 위한 준비는 너무 성과적, 경제적인 것에만 치중되어 있다. 이런 편향이 사회적 흐름임을 부정할 수는 없지만, 경제적인 결과물을 원한다면 더더욱 현재의 건강에 소홀해서는 안 될 것이다.

번아웃은 내 몸과 마음의 에너지가 고갈되어 제 기능을 할 수 없다는 알람이다. 일상의 균형이 깨지면 우리의 뇌세포와 시냅스는 주위 자극에 무척 예민한 신호를 보내기 시작하고 호르몬(세로토닌, 노르아드레날린, 도파민 등의 신경전달물질)의 변화를 일으킨다. 그로 인해 상대방의 대화를 따라가기 힘들거나, 무슨 말을 하려고 했는지를 자주 까먹는다. 인지능력과 기억력의 일시적 저하가 오는 것도 번아웃의 한 증상이다. 불안 호르몬인 노르에피네프린이 과다해져서 뇌의 회로 중 하나인 콜린계통의 도로를 정체시킴으로써 증상이 발생하기 때문이다.

활시위를 너무 세게 잡아당기면 활이 휘어져 버리거나, 활시위가 끊어져 버리는 법이다. 마찬가지로 과한 의욕은 정신적, 육체적으로 회복 탄력성을 잃게 만든다. 또 '이 정도는 괜찮을 거야', '약간은 무리해도 돼'라는 방심이 쌓여 탈진에 이르기도 한다.

일주일 정도 무리했다면 하루 이틀 잘 쉬면 회복될 수 있겠지만, 한 달 이상을 지속적으로 무리하면 주말을 꼬박 쉬어도 회복이 안 되는 경우가 많다. 회복력이 떨어지기 때문이다. 앞에서 설명했듯이 회복 탄력성은 우울과 불안에 대한 면역과 같은 역할을 하는데, 이를 잃으면 작은 충격에도 쉽게 마음을 다치고 건강을 회복하기가 어렵다.

안타까운 점은 지친 것을 알아도 좀처럼 쉴 수 없는 직장인의 현실이다. 휴가를 내봐도 이틀이나 사흘이 고작이고, 아이가 있는 부모라면 육아로 인해 휴가를 꿈도 못 꾼다. 직장은 버티는 곳이 되어서는 안 된다. 모순적이지만 그저 참기만 해서는 오래 버틸 수 없다.

나는 경제적으로 자유롭지 못하고, 이직과 휴직을 본인의 의사로 결정하기 어려운 대부분의 직장인이 겪을 수밖에 없는 스트레스와 번아웃을 어떻게 해결할 수 있는가에 대해 오랜 시간 고민해왔다. 물론 그들이 더 이상 자신을 혹사시키지 않고 정신과에 내원해 상담을 받으며 그에 맞는 처방을 받기를 권한다.

하지만 자신이 지쳤다는 것을 받아들이고(사실 이 단계에 도달하는 것만도 많은 시간이 소요된다) 이 책에서 다룬 번아웃 처방을 일상에서 실천할 수 있다면, 정신과에 오지 않고 약을 먹지 않고도 극복해낼 수 있다. 실제로 수록된 제안들은 몇 가지 검사와 상담을 거쳐 내원자들이 번아웃 증후군으로 진단되었을 때 가장 먼저 권유해보는 방법이다.

번아웃 치유 과정에서 주의할 점은 '나는 왜 이 모양 이 꼴일까?', '내가 왜 이런 상태가 된 거지?' 라며 자책하지 않는 것이다. 복잡한 생각이나 되새김질로 시간을 채우지 않는 것이다. 또 '빨리 극복해서 맡은 일도 잘하고 인정받아야지' 라는 생각으로 회복을 서둘러서도 안 된다. 조급함은 자신을 몰아세우고 피로하게 만들어 뇌를 쉬지 못하게 한다.

일이 곧
당신은 아니기에

"32살 대리입니다. 오직 월급을 위해 하루하루 참고 출근합니다. 아등바등하며 일해도 돈은 안 모이고, 행여나 생기는 보너스도 경조사 명목으로 사라지니 허무합니다. 상사들의 까다로운 성격을 받아주느라 자존감은 이미 너덜너덜해졌습니다. 야근을 안 할 수도 없고, 회식 자리도 참석해야 합니다. 폭탄주를 마시고 상사 앞에서 억지로 웃고 어깨를 주무르고 비위를 맞춥니다. 무엇을 위해 사는 건지 모르겠습니다. 개미처럼 일만 하고 나아지는 것은 없고, 5년 뒤 10년 뒤에도 똑같을까 봐 겁이 납니다. 연애나 결혼은 할 수 있을지…. 모든 게 자신 없고 짜증만 납니다. 연차나 휴가를 내는 것도 눈치 보이고, 일주일 쉬어봤자 크게 달라질 것 같지도 않고요. 혹시 내가 우울증에 걸린 건 아닐까요?"

언젠가부터 아침에 출근하기 너무 싫고 일어나기 힘들다, 불면증과 예민함을 달고 살고, 쉬어도 쉰 것 같지가 않다, 만사가 귀찮고 친구나 가족에게 자주 짜증을 낸다, 열정은 바닥난 지 오래고, 인간관계를 겨우 유지만 하기에도 벅차다 등 많은 직장인이 경험해봤을 이런 증상이 번아웃 증후군이다. '기분부전증'이라고 표현하기도 하는데, 의욕이 없고 입맛도 없고 그 어떤 것에도 흥미를 느끼지 못하는 무기력한 상태를 말한다.

위 상담자와 같은 경우는 번아웃 초기 단계라고 볼 수 있다. 스트레스는 받지만 결근이나 지각은 하지 않는 상태이고, 힘들어도 꾸역꾸역 출근은 하고 있기 때문이다. 통상 중간 수준의 번아웃 시기에는 회사에 다니기 싫은 감정이 무의식적으로 행동에 영향을 미친다. 빈번히 지각하고, 마감에 자꾸 늦고, 업무를 남한테 미루는 등의 행동이 반복된다. 번아웃 말기 단계에 이르면 무단결근을 하거나, 상사의 연락도 받지 않는 사례가 많다. 아예 전화를 꺼놓은 채 잠수를 타기도 한다. 번아웃이 오면 사람들은 점점 비관적으로 바뀌고 자책을 한다. 나는 아무것도 이룬 것이 없고, 뭘 해도 잘 안 될 것이라고 생각한다. 또 너무 힘이 드니 휴직이나 이직을 할까 별별 생각에 사로잡힌다.

직장인의 번아웃 연구로 유명한 캘리포니아대학교 심리학 교수 크리스티나 마슬락Christina Maslach은 "번아웃 상태일 때는 자신의 직업과 그에 속한 모든 사람에 대해 부정적인 감정을 갖게 된다. 생각보다 그 감정의 강도는 매우 강하다." 라고 했다.

크리스티나 교수는 번아웃을 주제로 수천 명의 사람을 인터뷰했는데, 조사자들 중 다수가 번아웃 상태를 "영혼의 부식"이라고 표현했다고 한다. 자신의 직업에 대해 심리적인 거리감을 느끼고, 게다가 부정적인 감정을 키우게 된다는 말이다.

번아웃에 빠진 사람은 부정적, 비관적인 인지를 하게 되어 우울증처럼 정신 건강상 안 좋은 방향으로 발전할 수 있다. 특히 오늘날과 같은 경쟁 사회에서는 타인의 인정이 중요시되고 이는 행복의 척도로 여겨지기에 번아웃에 걸리기 쉽다. 워커홀릭이나 완벽주의 성향의 사람이 번아웃에 빠질 가능성이 높은 것은 이런 이유 때문이다.

이 장의 마지막에는 번아웃 증후군을 자가 진단해볼 수 있는 체크리스트를 수록해놓았는데, 이 중 4개 이상이 해당되면 번아웃 증후군을 의심해봐야 한다. 일과 삶의 균형을 맞추려면 직장에서 과도하게 삶의 의미를 찾으려는 욕구를 내려놓아야 한다. 자신의 적정한 속도와 한계를 설정해보는 것이 중요하다.

2018년 통계청 자료에 따르면, 1년 동안 80만 1,503명이 우울증으로 정신과 진료를 받은 것으로 집계되었다. 그렇다면 우리나라 약 5,160만 명의 인구(2018년 기준) 중에서 이들을 제외한 나머지 사람들은 우울증에 걸린 적이 한 번도 없었던 것일까? 아닐 것이다. 타인의 시선이나 혹은 내가 정신과에 가야 할 정도로 힘든 상태임을 인정하고 싶지 않은 마음이 정신과를 꺼리는 이유일 수 있다. 어쩌면 정신과에 한 번이라도 가면 '내가 진짜 정신과 환자구나.' 라고 생각될까 두려워서일지도 모른다. 보통 사람과 정신과 환자를 나누는 그런 보이시 않는 편견이나 선입관, 내담자 스스로의 자존심이 정신과를 찾지 않게 만든다. 다른 선진국들보다 건강에 관심이 많고 병원을 자주 찾으면서도, 정신과에 내원하는 것만큼은 여전히 그 문턱이 높다.

하지만 누구나 번아웃이나 우울증에 걸린다. 살면서 언젠가는 누구나 반드시. 번아웃은 지나치게 열심히 살다 보니 걸리는 우울 증상이다. 내가 너무 애써서, 힘든데도 쉬지 못해서, 무리해서 찾아오는 병이다. 그렇기에 퇴사하기 어렵고 억지로라도 출근할 수밖에 없는 직장인에게 많이 나타나는 증상이다.

단순히 생각하면 번아웃이 온 직장인에게 퇴사가 답일 수도 있지만, 이는 바람직한 해결책이 아니다. 경제활동이 필요하지 않을 만큼 돈의 여유가 있거나, 언제든지 여러 달 동안 휴가를 다녀와도 재취업에 문제가 없는 사람이라면 가능하겠지만 대다수 직장인은 그렇지 못하다.

우리에겐 퇴사를 고민하기보다는 오늘 하루를 '슬기롭게' 버틸 수 있는 방법이 필요하다. 과도한 업무 스트레스 외에도, 직장에서 마주치는 인간관계와 부조리, 사내 정치 등으로 인해 유발되는 필연적인 우울을 극복하는 방법에 대해서도 생각해봐야 한다. 번아웃이 온 당신은 열심히 전력 질주했을 뿐이고 그로 인해 메마르고 지쳐버린 것뿐이다. 이제는 나를 다독여줄 방법을 찾을 때다.

번아웃 증후군 체크리스트

√	속이 텅 빈 것 같고 인생에 대한 회의감을 자주 느낀다.
√	멍하니 있는 시간이 많아지고, 집중력이 자꾸 떨어진다.
√	일을 마치거나 퇴근할 때 완전히 지쳤다고 느낀다.
√	아침에 일어나 출근할 생각만 하면 피곤해진다.
√	회사에서 항상 긴장되어 있고 압박감을 느낀다.
√	업무를 수행할 때 무기력하고 싫증이 난다.
√	어떤 일을 하는 데 소극적이고 방어적이다.
√	자신감이 떨어지고 자꾸 실수할 것만 같다.
√	짜증이 많아지고, 초조하고 불안하며 여유가 없다.
√	면역력과 회복 능력이 떨어지고 불면증, 두통, 소화불량이 만성화되었다.

나,
이대로 괜찮은 걸까

우리는 사회인, 직장인으로서 어느 정도 일을 잘 수행해야 스스로 혹은 주변으로부터 인정받는다고 여길까?

정신과에는 'GAFGlobal Assessment of Function'라는 척도가 있다. 그 사람의 전반적인 일상과 의식주, 삶의 기능을 다양한 각도로 평가하여 산정한 점수를 말한다. 물론 우울감이나 불안감 등의 정신 병리를 진단하기 위한 사항도 포함된다.

점수 체계는 0~100점까지로 분류되며, 가장 비중 있게 다루어지는 기준은 '대인관계'와 '직업적 기능'이다. 즉 진단자가 가족이나 친구, 주위 사람들과 최소한의 교류를 하고 있고, 아무리 힘들어도 출근은 하고 있다면 심각한 우울증이나 조현병에 걸린 상황은 아니라는 것이다.

사실 정신과 진료에서 의사의 진단이란 주관적인 견해가 포함되기에 때로 모호하고 다양한 반론이 제기될 수 있다. 이때 GAF 검사는 당사자의 사회적, 직업적 기능이 잘 유지되고 있느냐에 대한 좀 더 객관적인 판단을 내리고, 치료의 방향을 설정하는 데 도움을 준다.

세상에 완벽한 사람들이 있다면 _GAF 점수 81~100

GAF 점수 '91~100'은 전반적으로 모든 영역에서 최우수 기능으로 진단된다. 사회적, 가정적, 종교적으로도 타의 귀감이 되는 도덕성과 성숙한 내면을 가진 사람들이 속한다. 실제로 이 구간에 해당되는 사람은 거의 없다. 개인적으로나 주변 의사들의 경험에 비춰봐도 이런 사회적 능력과 성숙도를 가진 사람은 본 적이 없다. 명망 있는 대기업의 총수라고 해도 가정에서 따뜻한 남편이자 아버지가 되지 못했다면, 이 역시 대인관계에서 큰 감점 요인이 되기 때문에 종합 점수 90점 이상은 어림도 없다.

'81~90'은 모든 영역에서 생활을 잘하고 있는 수준으로 우수 기능으로 진단된다. 다양한 방면에서 활동하고 있고 대인관계도 원만한 사람들이 해당된다. 일상에 문제가 거의 없는 수준으로, 이 구간에서 꼽을 수 있는 증상이라고 해봐야 시험 전날에 약간 불안해한다거나, 아주 가끔 가족과 말싸움을 하는 정도다.

간단히 말해 90점대는 도무지 사람 같아 보이지 않을 정도로 탁월하게 생활하고 있는 사람들이라고 보면 된다.

80점대 중반의 점수도 주위 사람들로부터 생전 화내는 것을 못 봤다거나, 모범적이라는 말을 들을 정도의 사람들이다. 자신의 일을 평균보다 우수한 수준으로 수행하며, 동료와의 관계도 원만하고, 직장 상사와 지내는 데에도 잡음이 없는 부류의 사람들이다. 회식 자리에서 분위기를 주도하거나 사람들이 모인 자리에서 적응을 잘하는 사람들이 이 구간에 해당된다.

직장도 집도 다 피곤해요 _GAF 점수 61~80

GAF 점수 '71~80'은 사회적, 직업적 기능에 아주 약간의 손상이 있고, '일시적'인 스트레스나 심리적 문제가 있는 수준이다. 어떤 심리적 증상으로 인해 가끔 직장 동료와 사소한 갈등을 겪거나 가족과 말다툼을 했는데 일시적으로 다른 일에 집중하기 어려운 상태를 말한다.

'61~70'은 약간의 우울감과 불안감이 있는 수준이다. 지각하는 횟수가 조금 늘고, 회사에 출근하는 게 힘들어지기 시작하며, 부모님이나 배우자처럼 가깝고 의미 있는 사람들과의 관계에 문제가 발생하는 상태를 말한다.

그렇지만 위 구간도 크게 염려할 필요는 없다. 보통 사람들의 대부분은 65~75 사이를 왔다 갔다 한다. 가끔 서로 논쟁을 하지만 배우자와 잘 지내는 편이고, 회사에서 무난히 생활하며 맡은 업무를 잘 해내고 있는 편이라면 70점대 후반으로 진단된다.

한편 경제적인 문제나 집안일로 배우자와 사이가 나빠져서

티격태격하는 일이 늘고, 직장에서 인사고과가 좋지 못해 승진이 누락되는 등의 일로 슬럼프에 빠져 퇴직을 심각하게 고민 중이라면 사회적, 심리적 증상이 60점대 초·중반이라고 보면 된다. '번아웃 증후군' 상태가 이 구간이다. 아직 정신 병리로 진단되는 정도는 아니지만 우울과 불안장애의 고위험군으로 들어설 수도 있는 상태이다. 우울증 입구에 있는 상태가 60~62 수준이기 때문이다.

이럴 때는 무조건 휴식과 재충전을 해야 한다. 직업적 기능을 수행하는 데에는 많은 신체적, 정신적 에너지가 소모되기 때문이다. 이 사람이 직장을 다닐 수 있는 상태인가 그렇지 않은가를 결정하는 일종의 심리적 기준선을 '60점'으로 봐도 무방하다.

정상과 비정상의 아슬아슬한 경계에서 _GAF 점수 41~60

GAF 점수 '51~60'은 공황장애 초기 또는 우울증 초기 증상이 이 구간에 해당된다. 이 정도 수준에 이르면 매주 두세 번씩 지각하고 무단결근도 하게 된다. 회식에 전혀 참석하지 않거나, 사람들과 같이 점심도 먹지 않으며, 친구와도 거의 만나지 않는다. 얘기하는 것 자체가 귀찮고 짜증이 나기 때문이다. 한마디로 다른 사람과의 협업이나 팀워크를 기대할 수 없는 상태이다. 이쯤 되면 주위 사람들이 "요새 김 대리 왜 저래? 무슨 일 있는 거 아니야?" 하며 신경을 쓰게 된다. 당사자가 가족과 심한 불화가 있거나 이혼을 고민하는 상태와 같이 어려운 문제에 놓여 있을 수 있다.

이 구간이라고 진단되었을 때는 단순히 쉬는 것이 아니라 '회복'이 필요하다. 2~3일 연차나 일주일의 휴가로는 회복력이 정상화되는 것을 기대하기 어렵다. 반드시는 아니더라도 정신과 전문의나 심리상담사를 찾아 상담해보는 것을 권하며, 두세 달쯤 휴직을 고려해보는 것도 좋다. 휴직이 어려운 경우라면, 일을 제대로 할 수 있는 상태가 아니므로 단순한 작업을 담당하는 것이 우울감을 악화시키지 않을 수 있다.

GAF 점수 '41~50'은 사회적 대인관계나 직업적 기능에 '심각'한 손상을 의심할 수 있는 수준이다. 자주 죽고 싶다는 생각을 하고, 이미 일에 집중할 수 없는 상태이다. 회사 동료는 물론 친구나 가족과도 거의 교류하지 않으며, 업무 수행은 말할 것도 없고 연락조차 안 될 경우가 많다. 즉 일정한 직업을 갖기 어려운 상태이다.

GAF 검사에서 '40점'은 정상과 비정상을 구분하는 마지막 저항선 정도로 생각할 수 있다. 이 점수대는 현실 검증력에 문제가 생기고, 타인과의 의사소통이 어려워지는 수준을 말한다. 직장에 출근할 수 없는 상태이고, 친구들의 연락을 아예 차단하기도 한다. 또한 가족 관계까지 단절한다. 자신이 40점 이하의 상태로 진단되었다면 반드시 정신과 상담을 받아보기를 권한다. 많은 사람이 '내가 설마 이 정도까지 떨어지겠어'라고 생각하지만, 정신과 의사로서 볼 때 사람들 대다수가 인생에서 한두 번은 이 40점대의 증상을 겪는다. 삶에서 누구나 정신과 환자의 시기를 경험한다는 말이다.

나도 GAF 척도가 40점대에서 간당간당하던 때가 있었다. 전주에 있는 병원에서 페이닥터(봉직의)로 근무했을 때인데, 지각을 밥 먹듯이 하고 심지어 약속 시간을 지키지 않는 것을 대수롭지 않게 여기기도 했다. "선생님, 예약 환자가 이미 와서 기다리는 중이에요." 라는 급한 문자가 와도 귀찮아서 답장조차 하지 않았다. '잘리면 잘리는 거지!' 라고 생각했고, 병원에 늦게 도착해서 환자들이 기다리고 있는 것을 봐도 미안해하기는커녕 오히려 짜증스러워했다.

당시 나는 일도 안 풀리고, 부모님과의 갈등이 심각해서 도저히 병원 근무에 집중할 수 없는 상황이었다. 더군다나 가지고 있던 전 재산을 주식에 투자했는데, 이 주식이 1년여 만에 4분의 1 토막이 나버렸다. 결혼 자금으로 생각했던 돈도 포함되어 있던 터라 그야말로 앞이 캄캄했다. 하지만 잃은 돈을 생각하면 가만히 있을 수만은 없어서 하루 종일 주식창을 들여다보고, 스마트폰으로 주식창을 계속 확인했다. 그런 날이 계속되면서 나는 정신적으로 더 지쳐만 갔고 출근은 해서 무엇하나, 월급은 받아서 무엇하나라는 생각까지 하게 되었다. 근로 의욕을 완전히 잃어버린 것이다. 그저 모든 것이 의미 없고 공허하기만 했다.

그런 내가 걱정되었는지 병원장이 "요즘 무슨 고민 있어?" 라고 물어도, 고개를 푹 숙이고 죄송하다고만 했다. 아무 대꾸도 하기 싫었기 때문이다. 그럼에도 내가 그만두기 전까지 병원장은 나를 해고하지도 않고 생각할 시간을 주었다. 하지만 한 달이 넘도록 불성실한 근무가 이어지자 동료들로부터 불만이 나왔고, 환자들의 불평도 늘어갔다. 일할 수 없는 상태에서 더 이상 미루지 않고 결단력 있게 그만두었어야 했는데 그러지 못했다. 그때만 생각하면 병원 동료와 환자들, 그리고 병원장에게 죄송스러운 마음뿐이다.

깨닫고 버티며 지나가는 사람이 있고, 모르면서 힘들게 지나가는 사람이 있을 뿐 우리는 저마다 정서적 탈진의 시기를 겪는다. 다만 그 시기를 짧게 겪느냐, 길게 겪느냐의 차이가 있을 뿐이다. 그러니 자책하면서 스스로를 궁지로 몰아 상처를 주지 말자. 나를 돌봐줄 사람은 그 어떤 사람보다 바로 '나'여야 한다.

당신의 균형과
나의 균형은 다르다

건강한 직장생활을 유지하기 위해 가장 중요한 것은 무엇일까?
레슬리 해머Leslie Hammer와 크리스티 짐머맨Kristi Zimmerman 등 많은
심리학자들이 수십 년간 연구한 결론에 의하면 일과 삶의 균형,
즉 '워라밸Work-Life Balance'이 가장 중요한 요소라고 말한다. 실제로
업무 지향적인 회사보다는 가정 지향적인 회사가 각광받기 시작
했고, 복지제도는 직장을 선택하는 데 급여 이상으로 중요한 기
준이 되었다.

    워라밸에서 주목해야 할 것은 '시간'과 '기회비용'이다. 일에
몰두하는 만큼 가정과 삶에 투자하는 시간이 줄어들기에 양가감
정이 들기 때문이다.

    예를 들면 '아직 끝내지 못한 업무가 있는데, 야근을 해야 하
나?' 라는 생각과 '얼른 퇴근해서 아이와 놀아줘야지. 가족이 최고

야.'라는 생각이 동시에 충돌하여 혼란스러워지는 것이다.

얼핏 간단해 보이는 이 양자택일이 복잡해지는 이유는 업무 평가와 승진, 연봉과 같이 경제적인 재화와 연관이 많기 때문이다. 내가 가진 시간이라는 자원을 업무에 투자해서 경제적, 사회적 발전을 통해 미래를 풍요롭게 하는 전략을 선택할지, 아니면 저녁이 있는 삶을 영위함으로써 지금 이 순간 가족과 함께 추억을 공유할지를 선택해야 하는 것이다.

100세 시대가 되면서 우리는 또 다른 선택을 요구받고 있다. 더 철저히 노후 대책을 세워야 한다는 것과 미래를 위해 현재를 희생하기보다는 지금을 즐기자는 선택이 그것이다. 과연 우리는 어떤 선택을 해야 할까? 삶에서 어떤 점이 더 중요할까? 이는 자신의 성향이 안정을 중요시하느냐, 아니면 지금의 만족을 중요시하느냐 등에 따라 선택이 달라질 것이다.

어찌 보면 인생은 소비재와 같다. 대략 80년이라는 삶의 시간을 어떻게, 무엇을 하면서 쓰느냐는 순전히 본인의 선택이니 말이다.

가령 80세의 삶에서 근로 가능 연수를 40년이라고 해보자. 이때 어떤 사람은 왕성한 경제활동이 가능한 시기인 30대 초반부터 50대 초반까지는 일에 최대한 집중하고, 50대 후반부터는 가족과 시간을 보내겠다는 계획을 세울 것이다. 선우후락先憂後樂 및 고진감래의 전략을 택하는 것이다. 하지만 50대 후반이 되어 어느 정도 경제적인 안정과 시간의 여유가 생겼을 때 아들딸은 다

자라 대학생이고, 배우자는 중년이 되었을 것이다. 행복해지려고 평생 일했는데, 그 행복을 누리려고 보니 이미 가족들 간의 거리는 멀어져 대화를 나누는 것조차 어려울 수 있다.

어떤 사람은 가족보다 나, 미래보다는 오늘에 집중하는 삶을 선택할 수 있다. 욜로족처럼 지금의 삶을 만끽하며 '쿨'한 인생을 사는 것이다. 근래 유행하는 '플렉스(flex, 부를 과시하다, 뽐내다라는 뜻의 신조어)' 라는 말처럼 내가 갖고 싶고, 하고 싶은 것들을 지금 충족하기 위해 모아둔 돈을 아낌없이 쓸 수도 있다. 명품을 사느라 월급을 며칠 만에 다 써버렸어도 직장생활에서 쌓인 스트레스가 풀린다면 이런 과시적 소비를 해도 된다고 선택할 수도 있다.

하지만 일과 삶의 균형을 맞춘다는 것은 양극단이 아니라 중도를 찾는 것이 아닐까. 어느 한쪽으로 치우쳐 자신의 모든 것을 다 써버려서 회복 불가능한 상태에 이르지 않도록 스스로 자신을 점검하는 일일 것이다. 가족과 일, 그리고 자신을 위한 꿈까지 적절히 아우를 수 있는 삶을 사는 것 말이다.

그 방법에 대해서는 누구도 속 시원한 답을 내놓기는 어렵다. 다만 자신이 추구하는 삶의 방향은 어떠한지를 생각해보고, 일과 삶에서 그 가치를 향해 자신의 에너지를 나눌 수 있으면 된다.

아울러 다음의 4가지 주제에 대해 균형점을 찾을 수 있다면 건강한 직장생활을 위한 워라밸을 실현할 수 있지 않을까(이 책에 수록된 '다시 일어서는 힘'을 함께 읽어보기를 권한다).

행복도 만들어가는 노력이 필요하듯, 워라밸을 위해서도 공부가 필요하다. 슬기로운 직장생활은 거저 얻어지지 않는다. 삶에도 전략적인 태도가 필요하다. 상사의 꼰대 짓과 막말, 고객의 갑질, 나아가 코로나로 인한 경제위기 등 내가 통제할 수 없는 변수는 너무도 많다.

이런 외부적 스트레스는 자신이 노력한다 해도 크게 달라지지 않는다. 유일하게 통제할 수 있는 변수인 '나'에게 집중하고, 나만의 방어기제를 만들어야 한다.

자신을 소진하지 않고 워라밸을 이루기 위해서는 먼저 기억해야 할 대원칙이 있다.

첫째, 균형은 항상 깨지기 마련이라는 것이다. 완벽하게 균형을 맞추려고 애쓰지 말자. 필연적으로 깨질 수밖에 없는 균형을 다시 맞추기 위해 노력하는 '회복력'과 '유연성'에 집중하자.

둘째, 모든 면에서 100점을 목표로 삼지 말자. 일이든 취미생활이든 그 무엇이든 자신의 한계를 깨닫지 못하고 밀어붙이는 순간 워라밸은 무너진다. 70점이든 80점이든 자신답게 살아갈 수 있는 절충점을 찾자. 자신의 삶을 100만큼 채워나가는 것보다, 우리 각자의 자리에서 삶의 여백을 찾아내 또다시 자신을 일으킬 수 있는 힘을 키우는 것이 중요하다.

셋째, 오늘 틀려도 내일 다시 하면 된다고 생각하자. 남의 눈에 어떻게 보일지 신경 쓰지 말자. 당신 인생은 오로지 당신 것이다.

이 대원칙을 염두에 두고 아래의 4가지 주제를 생각해보길 권한다. 각자의 일상과 직장 등 환경을 떠올리며 자신의 상황을 적용해보면 스스로를 지키면서도 워라밸을 이룰 수 있는 내게 맞는 삶의 전략을 찾을 수 있을 것이다.

나를 지키는 경계를 정하기

역할 갈등을 최소화하면서 직장과 생활에서 만족감을 느끼고 기능을 적절히 수행하는 상태가 워라밸의 핵심이다. 이를 위해서는 일과 생활의 '경계'를 명확히 설정하는 것이 필요하다.

집에서 업무 메일을 받는다면 읽는 것까지만 할 것인지, 아니면 간단한 확인 절차까지는 처리할 것인지를 정해두는 것이 좋다. 퇴근 후에는 카카오톡 등의 메신저나 SNS로 업무 지시를 받지 않는다거나, 급한 메일도 밤 10시 이후에는 읽지 않는다는 원칙을 세우는 것이다. 또 특별한 경우가 아니면 퇴근 후 사무실에서 시간을 보내지 않는다는 원칙도 있을 것이다. 반대의 경우도 마찬가지이다. 회사에서 부득이하게 사적인 일로 업무 시간을 할애해야 한다면, 업무에 지장을 주지 않는 범위 안에서 30분 또는 1시간까지만 할애하겠다는 경계를 정해두어야 한다.

경계를 지킨다는 것은 삶의 다른 영역을 배제한다는 의미가 아니다. 건강한 나를 만들어가기 위한 최소한의 삶의 태도다.

일에 대한 통제력 높이기

로버트 카라섹Robert Karasek의 직무 요구와 통제이론에 따르면, 자신의 일에 대한 통제력이 떨어질수록 워라밸이 낮아지고 일과 생활의 갈등이 유발된다고 한다.

업무 통제력이 낮으면 근무시간이 언제 끝날지 예측하기 힘들기 때문에, 퇴근 후나 주말에 약속을 잡거나 집안일을 하기도 어렵다. 또 주간, 월간의 업무 일정을 유연하게 분배할 수 없기에 항상 일정에 쫓기고, 가족과 함께할 시간을 확실히 할당하기가 힘들다.

업무 통제력이 높은 사람들은 통상 직장에서 자신의 역할을 대신할 수 있는 대체 인력을 준비해둔다. 완벽한 대체는 어렵겠지만 당사자가 휴가나 병가, 갑작스러운 사고로 자리를 비웠을 때 공백을 최소화할 수 있는 인수인계와 자료 백업을 절대 소홀히 하지 않는다. 이렇듯 업무 진행 상황을 동료나 상사와 수시로 공유하며, 피드백을 열어놓는 것도 업무 통제력을 높이는 좋은 습관이다.

현대와 같은 과잉 경쟁 사회에서는 타인의 일에는 관여하지 않는 것이 미덕인 양 여겨지기도 한다. 그러나 어떤 일도 혼자만의 힘으로 되는 것은 없다. 자기 삶을 사는 것이 자신을 걸어 잠그고 자기 일만 하면서 사는 삶은 아닐 것이다. 때로는 도움을 주고받을 수 있고, 왜 우리가 함께해야 하는지를 생각해보는 것은 스스로를 돌보기 위한 또 하나의 삶의 방식이다.

삶의 우선순위 정하기

살다 보면 언제나 예외적인 일이 발생한다. 가족이 아프다던가, 집에 갑자기 큰일이 닥친다던가, 가까운 지인이 세상을 떠났다거나 등등 만사를 제쳐두고 달려가야 할 일이 생기기 마련이다. 이럴 때는 균형을 생각할 필요가 없다. 우리가 평소에 돈과 시간을 아끼는 이유는, 바로 이런 위급한 순간에 아낌없이 투자하기 위해서다.

자신의 삶에서 우선순위에 해당하는 일이 생기면, 기회비용에 대한 일체의 고민 없이 일을 중지하고 삶의 중요한 일을 선택할 수 있어야 한다. 사랑하는 사람의 옆에 있어 주어야 하는 순간, 자녀의 졸업식, 절친한 친구의 부친상 등을 일 핑계로 계속 빠진다면, 결국 인생의 많은 영역이 위축되고 소중한 것들을 놓치게 될 것이다. 진정한 워라밸은 세상에 홀로 떨어진 삶이 아니다.

건강을 위해 휴식을 거르지 않기

멜버른에 위치한 디킨대학교 교수 앤서니 라몬테인Anthony LaMontagne과 뉴욕주립대학교의 직장심리 전문가 마이클 프론Michael Frone에 따르면, 가정생활과 일의 병행으로 심한 갈등을 경험한 사람들은 그렇지 않은 사람들에 비해 불안장애가 생길 위험도가 9배, 우울증이 걸릴 위험도는 29배나 높았다고 한다.

또한 심혈관계 질환과 업무 스트레스의 상관관계 연구나 혈

당과 콜레스테롤 수치가 근무 집중력에 미치는 영향을 다룬 논문을 살펴보면, 우리가 직장에서 신경 써야 할 1순위는 업무고과나 매출이라기보다는 결국 자신의 건강이라는 것을 알 수 있다.

정신적, 육체적 건강을 위해 쉴 땐 쉬고 일할 땐 집중적으로 일하는 삶의 방식이 필요하다는 말이다. 어떻게 일할 것인가를 고민하는 만큼 어떻게 쉴 것인가도 집중해야 한다. 휴식을 취하며 아무것도 하지 않는 것에 죄책감을 느끼지 말자. 쉬는 시간만큼은 모든 걱정을 내려놓고 온전히 휴식을 취하는 데 내 마음을 내어주자.

작가이자 처세술의 대가인 데일 카네기Dale Carnegie는 "휴식이란 쓸데없는 시간 낭비가 아니라는 것을 알아야 한다. 휴식은 곧 회복이다."라고 말했다. 일하지 않는 시간은 우리가 생각하는 것 이상으로 힘이 세다.

내겐 너무 어려운
휴가

"잠시라도 휴가를 낼 수는 없나요?"

"가면야 좋겠지만 휴가를 내기가 어려워서요….."

"일주일이 어렵다면 2~3일 정도라도 쉬어야 합니다."

진지한 태도로 휴가를 권했을 때 진료를 받으러 온 사람들 대부분은 쓴웃음을 지으며 답변을 흐리곤 한다. 그들은 휴가를 며칠 다녀온다고 증상이 딱히 낫지도 않을 것 같고, 지금 바쁜데 무리해서 휴가를 갈 수 없다는 심정으로 시큰둥한 태도를 보인다.

그럼 휴가를 가기 좋은 시기란 언제일까? 맡은 프로젝트가 적당히 끝났을 때일까? 회사가 분기 이익이 좋아져서 임원들이 좋아할 때? 우리 팀 실적이 좋아서 팀 내 분위기가 좋을 때? 육아나 개인사로 바쁘지 않고 여유가 생길 때일까?

사실 직장에서 내가 휴가를 가기에 좋은 황금 시기란 존재하지 않는다. 이 말은 휴가는 회사나 남의 스케줄에 맞춰서 가는 것이 아니란 의미이다. 내가 쓰러지기 전에, 사전에 미리 회복을 위한 휴식을 가지라고 있는 것이 휴가다. 모든 할 일을 해놓고 휴가를 떠나겠다는 것은 불가능하다.

내가 2, 3일 회사에 못 나온다고 해도 회사의 매출은 떨어지지 않으며, 업무도 마비되지 않는다. 만약 그렇다면 회사의 시스템은 심각한 위기 상태일 것이다. 상사에게 좀 밉보이고 동료의 눈치가 보일 수 있는 그 정도다. 직장 내 처세가 중요하기도 하지만 자신의 건강을 지키는 것보다 우선하는 것은 없다.

휴가를 갈 때 계획을 철저히 세우고 가는 사람도 있고, 이와 반대로 갑자기 무계획적으로 떠나는 사람도 있다. 무계획 휴가는 그야말로 충동적으로 결정하는 응급 휴가다. 6개월 전에 미리 비행기와 호텔을 예약하고, 두 달 전부터 맛집 리스트와 시간표를 정해서 가는 계획 휴가가 아니다. 급히 교통편을 알아봐서 항공권을 끊고, 호텔을 2, 3일 전에 예약해서 공항버스에서 일정을 짜는 그런 휴가다.

사람들은 2박 3일 정도의 짧은 휴가의 위력을 무시하는 경향이 있는데, 그렇지 않다. 충동적인 무계획 휴가는 미리 계획된 휴가 이상으로 재충전을 선물한다.

"너무 바빠서 휴가 갈 시간이 도저히 없어요." 라고 말하는 당신은 시간이 아니라 '욕망'을 포기할 용기가 없는 것이다. 승진 욕구, 성과 욕구, 인정 욕구와 같은 마음 말이다. 1년 동안 하루도 안 쉬었고 연차를 거의 안 쓴 것에 대해 인센티브를 주는 회사는 없다. 회사는 개근상이 아니라 성과로 월급을 받는 곳이다.

부모들의 경우는 휴가를 못 가는 가장 큰 이유로 육아를 꼽곤 한다. 아이 때문에 휴가는 엄두조차 내지 못한다고 말한다. 틀린 말은 아니다. 현실적으로 아이를 둔 부모가 휴가를 내는 일은 쉽지 않다. 하지만 아이로부터 해방되어 부부가 둘만의 시간을 갖는 것은 가정을 더욱 화목하게 유지하는 데 의미 있는 쉼이지 않을까?

특히 신혼부부는 육아를 논하지 않아도 싱글에서 결혼생활로의 변화만으로 적응하는 데 많은 어려움을 겪는다. 혼자 자던 침대, 혼자 쉬며 누리던 여유 등 혼자만의 일상에서 누군가와 함께 시공간을 공유하며 지내는 것은 쉬운 일이 아니다. 남편의 코골이와 잠버릇 때문에 새벽에 깨기 일쑤여서 짜증이 나는 아내는 이제야 적응이 될 만한데, 아이가 생겨 힘들고 당황스러울 수 있다. 남편 입장도 크게 다르지 않다. 더욱이 갓난아이는 시도 때도 없이 울고 보채고, 새벽에 비몽사몽으로 몸을 일으켜 똥 기저귀를 가는 일은 아무리 내 새끼라고 한들 유쾌할 리 없다.

아이에게는 당연히 엄마 아빠가 필요하다. 하지만 그냥 엄마 아빠가 아니라 건강한 엄마 아빠가 필요하다. 한 살이 안 된 아이도 비언어적 소통이 가능하다. 말은 못 하지만 청각 자극에 대해 이해하고, 부부 사이에 어떤 분위기가 흐르는지 본능적으로 느낄 수 있다. 엄마 아빠가 예민하구나, 건드리면 터질 만큼 지쳐 있구

나를 눈치챈다는 의미이다. 특히 고성이 오간다거나, 엄마가 우는 것에 대해서 아이는 민감하게 느끼고 상처받을 수 있다.

번아웃 상태의 부모는 자신이 깨닫지 못하는 사이에 아이에게 화를 낸다. 스스로는 참는다고 생각하지만 그렇지 않다. 우울한 부모의 표정과 억양, 말투에서 공격성이 삐져나온다. 그러면 아이는 자신을 향한 부모의 손길과 언어가 날카로워졌음을 느끼고 눈치를 본다. 표현하지 않고 억누르는 아이가 되는 것이다. 따라서 아이를 위해서도 부모는 충분한 휴식을 취할 필요가 있다. 아이 옆에서 함께하는 시간의 양보다 질이 중요하다.

심한 번아웃 상태, 예를 들면 산후 우울증에 빠진 엄마와 이를 이해하지 못하고 짜증만 내는 아빠라면 단기간 아이를 조부모 집에 맡겨서 돌보는 편이 낫다. 실용적인 방법으로는 가사 도우미 인력을 활용하는 것도 좋다. 경제적인 이유로 부득이하게 양가 조부모에게 아이의 양육을 위탁하는데, 산후 우울증 상태의 아내에게는 이 또한 새로운 스트레스가 될 수 있다.

엄밀히 따져 보면 도우미 비용은 '부모님 용돈+아내가 느낄 부담+아이에게 쓸 에너지 소모값+소홀한 육아로 아이가 보는 피해' 이 모든 것이 포함된 금액이다. 경제적 측면에서, 그리고 장기적으로 볼 때도 부모의 정신 건강과 체력에 이익이다. 내몰리지 않아야 건강하고 좋은 부모가 될 수 있다.

부모가 번아웃으로 쓰러지기 직전인데 무조건 아이 옆에 있어야 한다는 강박으로 아이를 돌보는 것은 어쩌면 더 위험한 일이다. 엄마나 아빠가 며칠 옆에 없다고 아이의 삶에 큰 영향을 미치지는 않는다. 부모가 완벽주의 성향으로 다른 사람의 손에 아이를 맡기기 힘들다면, 엄마와 아빠가 서로 번갈아 하루씩 집 밖에서 휴식을 취하는 것도 방법이다.

그러나 가능하다면 나는 부부가 함께 최대한 1박 2일이라도 아이 없이 둘이서만 시간을 보낼 것을 추천한다. 이런 시간이 중요한 이유는 첫째, 부부로서 신혼으로 돌아가 과거를 돌아본다는 의미가 있다. 둘째는 육아나 일상에 지쳐 있을 서로를 돌보고 집중함으로써 부부간의 연대감을 재확인할 필요가 있기 때문이다. 마지막으로 부모가 아닌 남자이자 여자로 스킨십을 통한 비언어적 소통이 필요하다. 친밀감을 표현하며 서로가 보듬어 안아줄 수 있는 그들만의 시간이 필요한 것이다.

어떤 사람은 "아이가 할머니 집에 있는데 집에서 쉬면 안 되나요?" 라고 묻는데, 그렇게 해서는 별 효과가 없다. 청소나 빨래, 설거지 등 일상에서 완전히 해방된 비일상적인 장소라야 휴식의 의미가 있다.

어떤 이유를 불문하고 번아웃이 왔을 때는 휴가를 가야 한다. 갑자기 휴가를 떠날 준비가 안 되었다, 먼 데는 가기 어렵다는 말로 휴식을 더 미뤄서는 안 된다. 장기간의 휴가가 아니더라도 며칠 시간을 내어 비일상적이고 신선한 경험을 하면 지친 몸을 재충전하기에 충분하다.

오늘도
잠자긴 글렀어요

일상에서 번아웃을 치료할 수 있는 좋은 방법은 숙면이다. 잠을 푹 자는 것은 매우 중요하다. 수면의 질을 높이기 위해 집에서 할 수 있는 가장 간단한 방법은 자기 직전에 10분 정도 스트레칭 하기, 이불과 베개 커버를 청결히 유지하기, 침실 환기하기, 반신욕 하기 등이다.

의외로 이불과 베개 커버를 자주 빨지 않는 사람이 많은데, 그러면 집먼지진드기가 배양되어 수면의 질이 떨어진다. 몸과 접촉이 많은 이불과 베개 커버는 최소 한 달에 한두 번은 빨아야 한다. 자기 직전에 침실을 5~10분 동안 환기하는 것도 중요하다. 자신에게 맞는 온도와 습도로 환경을 조성해주는 것이 필요하기 때문이다.

공통적으로 강조하고 싶은 점은 어떤 방법이든 여러 번의 시행착오를 거치면서 자신이 가장 숙면하기 좋은 환경을 찾아내는 것이다. 잠을 잘 자려면 수면 양말이나 수면 잠옷을 입어야 하는 사람이 있고, 가볍고 얇은 소재의 잠옷을 입어야만 하는 사람도 있다. 방문을 완전히 닫는 것이 편한 사람이 있는 반면에 약간은 열어둬야 잘 자는 사람도 있다. 또 소음이 전혀 없어야 잘 자기 때문에 귀마개를 하고 자는 사람이 있는 반면에, 음악을 은은하게 틀어놓아야 잠이 잘 오는 사람도 있다. 조명의 밝기 역시 사람마다 천차만별이다.

잠은 우리 인생의 3분의 1을 차지할 만큼 중요하다. 하루에 8시간 잔다고 할 때, 90년을 산다고 치면 30년이 수면에 할당된다. 수면은 직장 업무나 집안일, 육아, 학업 등 일상에서 소모된 몸과 마음을 회복할 수 있는 소중한 시간이다. 숙면이 없으면 내일이 피곤하듯, 아침부터 피로하면 번아웃은 계속되고 악화된다. 그렇기에 우리는 잘 쉬는 법, 특히 잠에 대해서 살펴볼 필요가 있다. 잠의 단계에 관해 과학적으로 알아두면 수면의 질을 높여 숙면하는 데에 도움이 된다.

수면의 1단계는 가벼운 선잠이 드는 단계로, 주변의 소리와 자극에 쉽게 반응한다. 뇌파가 서서히 느려지면서 5~10분 정도 유지되고, 몸이 진정되어가는 단계이다.

수면의 2단계는 10~25분 동안 유지되는 얕은 수면 상태를 말한다. 숙면으로 가는 중간 단계라고 볼 수 있다.

위 1, 2단계를 수면 유도 또는 입면 단계라고 한다. 누워 있지만 잠이 푹 들지는 못한 상태이다. 이 단계에서 잠을 깨버리면 잤는데 잔 것 같지 않은 기분을 느끼게 된다.

수면의 3~4단계는 20~40분 동안 유지되는 깊은 잠에 빠지는 시간대를 말한다. '서파slow wave 수면'이라고도 하는데, 외부의 소리나 자극에도 잠을 깨기 힘들고 숙면을 취하는 구간이다.

그다음 REM^{Rapid Eye Movement} 수면 단계는 서파 수면 후 뇌가 오히려 더 빨리 활동하는 단계로 이 시간 동안 꿈을 꾸게 된다. 잠꼬대를 하거나, 팔다리를 움직이면서 뒤척이기도 한다. REM 수면이 길어지면 꿈을 더 길고 생생하게 꾼다. 자고 일어나서도 꿈의 내용이 자세히 기억이 나는 경우가 바로 이럴 때이다.

수면의 1단계부터 4단계 그리고 REM 수면 단계까지 모든 단계를 한 바퀴 도는 데 보통 90분이 걸린다. 우리는 하룻밤 동안 이 수면 사이클을 보통 4~5번 반복한다. 여기서 수면의 질을 결정하는 것은 각 수면 단계의 양과 분포도에 달려 있다.

깊고 효율적인 잠을 자려면 REM 수면의 양이 줄고, 3~4단계 수면의 양이 늘어나야 한다. 꿈을 적게 꿀수록 깊은 잠을 잘 수 있다는 뜻이다. 또한 수면의 1~2단계 시간이 짧아질수록 숙면에 효과적이고, 중간에 깨지 않는 것이 중요하다.

흥미로운 점은 새벽에 잠이 깰 때 무척 피곤할 때가 있고, 상대적으로 덜 피곤할 때가 있는데, 이는 서로 다른 단계에서 잠이 깨기 때문이다. 수면의 3~4단계 도중에 잠이 깨버렸을 경우는 몸이 무겁고 피곤하지만, 1단계 도중에 잠이 깼을 때는 상대적으로 훨씬 가벼운 느낌이 든다.

그럼 숙면을 취하려면 어떻게 해야 할까?

첫째, 매일 똑같은 시간에 잠을 자야 한다. 우리 몸의 수면 시계는 자연스럽게 스스로 균형을 맞추면서 1~4단계, REM 수면의 비율을 설정해 나간다. 가장 이상적인 수면 패턴은 수면의 1단계로 시작해 자연스럽게 3~4단계를 지나, 마지막에 다시 1단계에서 깨는 것이다. 이 패턴이 규칙적으로 자리 잡기 위해서는 매일 정해진 시간에 잠들고, 정해진 시간에 깨는 것이 중요하다.

둘째, 저녁 이후에는 밝은 빛을 피해야 한다. 오후 10시가 넘으면 집의 조명은 대부분 끄고, 컴퓨터의 모니터와 스마트폰도 보지 않는 것이 좋다. 밤에 밝은 빛에 노출되면 우리의 뇌는 아직 낮이라고 착각해서 깨어 있기 때문이다.

셋째, 규칙적인 식사를 해야 한다. 수면의 질은 배고픔, 체온, 감정 상태에 많은 영향을 받는다. 이는 곧 시상하부로부터 나오는 테스토스테론과 코티솔, 멜라토닌의 비율이 수면 상태를 결정한다는 의미이다(시상하부는 체온, 수면, 생식, 물질대사와 같이 생체 리듬을 조절하는 중요한 역할을 한다). 규칙적인 식사를 하는 것, 아침을 조금이라도 먹는 것, 야식을 피하는 식습관은 숙면에 무척 중요하다. 특히 아침 식사의 효과가 큰데, 아침에 먹는 단백질은 몸 안에서 트립토판으로 분해되어 세로토닌을 만드는 중요한 원료가 된다. 세로토닌이 한 번 더 변형되면 숙면을 돕는 호르몬인 멜라토닌이 되기 때문이다. 아침 식사를 거르면 단백질의 부족으로 트립토판이 부족해지고 우울감을 달래줄 수 있는 세로토닌이 생성되기 어렵다. 그러면 불안감은 더욱 심해지는 악순환에 빠질 수 있으므로 꼭 아침 식사를 해야 한다.

번아웃을 치료하고 건강을 회복하는 데 숙면의 중요성은 아무리 강조해도 지나치지 않다. 앞에서도 언급했듯이 우리는 매일 6~8시간 잠을 자고, 이는 하루의 3분의 1에 해당된다. 1년으로 치면 3~4달이나 된다. 어떤 사람들은 25~30년의 시간을 잠으로 보낸다니 시간이 아깝다고들 한다. 하지만 잠을 자는 그 시간 덕분에 나머지 시간이 더욱 건강하고 풍요로울 수 있다.

당신이 기대하는 내일은 오늘 밤 몸을 뉘어 잠자는 시간부터 시작임을 기억하자.

일상 루틴에서
살짝 벗어난다는 것

출퇴근 방법이나 매일 똑같이 다니던 길을 바꿔 다녀보는 것도 번아웃을 치료하는 데 도움이 된다. 버스로 매일 1시간쯤 출퇴근 하는 사람이 있다고 해보자. 일산에 살면서 광화문으로 직장을 다닌다거나, 또는 잠실에 살면서 판교의 게임 회사로 출퇴근하 는 직장인도 있을 것이다. 후자의 경우 지하철을 이용한다면 보 통 잠실역에서 강남역으로 와서 신분당선으로 갈아타고 판교역 에서 내릴 것이다. 이처럼 광역버스든 지하철이든 사람들 각자가 선택하는 최소한의 동선과 이용하는 교통수단이 있다.

번아웃으로 무기력한 기분이 든다면 가끔은 이 일상적인 출 퇴근 루틴에 변화를 주어보자. 예를 들면 일주일에 한 번 정도는 택시를 타고 출근해보는 것이다. 택시비는 들지만 그만큼의 시간 적, 심리적 여유를 누려볼 수도 있다. 택시 안에서 창밖을 바라보며 그냥 쉴 수도 있고, 신문 기사나 경제 정보를 읽을 수도 있다. 또 만약 회사에 일찍 도착한다면 회사 주변을 산책할 수도 있고, 커피를 마시며 그날의 일과를 생각해볼 수도 있다.

나는 부지런한 사람이 못 되기에 이런 자투리 시간을 활용하는 것이 꽤 즐겁다. 퇴근 후 집에 도착하면 몸과 마음이 지칠 대로 지쳐서 뭔가를 하기도 힘들다. 빨래나 설거지 등 밀린 집안일조차 미루게 된다. 그래서 길을 오가며 버스나 지하철에서 흘려보낼 수 있는 시간을 아주 조금이라도 생산적이고 뿌듯한 일을 하면서 시간을 번다. 그게 별것이 아님에도 쏠쏠한 재미가 있다. 원래 없었던 시간을 만들어낸 것 같아 기분이 고양된다.

특히 퇴근길에 가끔 택시를 타는 것을 좋아한다. 무거운 몸을 이끌고 정류장을 찾아 버스를 타고 내리거나 지하철을 갈아타거나 할 필요 없이, 택시를 타고 집에 오면서 잠깐의 자유를 누리는 시간이 좋다. 그냥 앉아만 있으면 집에 도착하는 그 시간만큼의 자유 동안 나는 다른 생각을 하거나, 일상에 쫓겨 미처 챙기지 못했던 일들을 한다. 15분쯤 시간 동안 소식이 뜸했던 친구나 교수님, 선배들에게 안부를 묻기도 한다. 바쁘다는 핑계로 마음에서 놓친 소중한 사람들과 연락하며 이야기를 건넨다. 또 깜박하고 처리하지 못한 각종 공과금도 택시에서 모바일로 납부한다.

출퇴근 교통수단을 바꾸는 것이 어렵다면 시간이나 생활 방식에 변화를 주어보자. 평소 아침 식사를 하지 않았다면 아침을 먹고 출근해본다거나, 일찍 출근해 회사 근처에서 아침을 먹고 일과를 시작하는 것이다. 운동하지 않는 사람이라면 아침이든 저녁 시간이든 운동을 해보는 것이다. 효율적이지 않아도 좋다. 자신이 조절 가능한 하루 일과의 순서를 여러 가지 조합과 시도를 통해 변화를 주어보자.

이런 조삼모사식 변화가 무슨 소용이냐고 얘기할 수 있지만, 반복되고 진부하고 지루한 일상에서 단 1센티미터 벗어난 작은 차이라도 죽어 있던 감각을 깨울 수 있다. 사소한 변화만으로도 뇌의 무료함을 환기하고 부정적인 사고 방향을 전환하는 데 도움이 된다. 뇌 기능 측면에서 번아웃에 가장 취약한 환경은 매일 똑같은 일을 똑같은 순서로 하는 상동증stereotypy이다. 이 경우 매너리즘으로 인해 뇌는 더 이상 도파민이 나오지 않고 자동화 반응으로 인지하고 행동한다. 루틴한 일상에서 이런 상태가 장기화되면 감정을 느끼지 못하게 된다.

사람들은 사소한 차이를 과소평가하는 경향이 있다. 당신이 5년 동안 한결같이 출퇴근한 방식, 10년 동안 한결같이 걸렸던 아침 식사, 20년 동안 취미생활 없이 단조롭게 보낸 휴일 등 지겹도록 똑같은 일상의 루틴에 0.1퍼센트만큼의 변화가 조금씩 쌓인다면 우리는 고인 물의 고착 상태에 균열을 일으킬 수 있다. 많은 물이라도 잉크 한 방울이면 그 형질이 바뀌듯이 말이다.

뇌는 멀티태스킹 할
능력이 없다고?

어떤 한 가지 일이 점차 익숙해지면 여유가 생기고 동시에 여러 가지 일을 할 수 있게 된다. 하지만 한꺼번에 우리 몸이 여러 개의 일을 하는 것이 디폴트(기본값)로 설정되면 뇌의 공회전 비율은 그만큼 높아지고 효율성도 떨어진다.

이런 '멀티태스킹multitasking'은 생활 속에서도 흔히 볼 수 있다. 러닝머신에서 달리며 음악을 듣는다거나, 밥을 먹으면서 유튜브를 보거나, 공부하면서 음악을 듣는 것 말이다. 여기서 확장되면 친구와 대화하면서 게임을 하며 스마트폰으로 이메일을 확인하거나, 여자 친구와 드라마를 보면서 밥을 먹고 대화를 나누며 스마트폰으로 다른 친구에게 카톡을 보낸다.

그러나 한 가지 일에 집중할 때 우리의 뇌가 작업 명령 수행에 익숙해질 즈음 생기는 시간의 여유는 또 다른 행동의 수행이 아니라, 여분의 생각을 하는 데 쓰여야 한다.

직장인의 업무 처리 방식에 관한 여러 설문조사에 의하면, 우리가 효율적일 것이라고 생각하는 멀티태스킹이 오히려 업무 효율과 집중을 떨어뜨리는 것으로 나타났다. 실제로 많은 기업이 근무할 때 사내 컴퓨터나 스마트폰으로 메신저 대화를 나누는 것을 금지하고 있다. 스마트폰 자체를 사용하지 못하게 하는 기업도 있다.

원래 하던 일에 대해 그 이상의 창조적인 플러스 알파의 발전을 위해서는 여백이 꼭 필요하다. 그 공간을 통해 발전적인 아이디어를 떠올릴 공상이나 몰입의 기회를 얻을 수 있게 된다. 멀티태스킹이 아니라 온전히 깊게 집중하는 딥워크Deep Work와 몰입이 필요하다는 뜻이다.

미국의 저명한 칼럼니스트 토머스 프리드먼Thomas Friedman은 그의 저서 《늦어서 고마워Thank You for Being Late》에서 "일시정지를 누르면 기계는 멈추지만, 사람은 그때서야 움직이기 시작한다." 라고 했다. 일하는 과정에서의 휴식은 단순한 멈춤이 아니라 기계적 사고에서 창조적 사고로의 전환, 즉 모드 변환 버튼을 누르는 것과 같다는 의미이다.

한 가지 일을 오랜 시기에 걸쳐 반복하다 보면 지루해지는 때가 오고, 다른 일을 동시에 해보고 싶은 특이점이 온다. 이때 서너 가지 일을 한꺼번에 처리할 수 있게 되면, 언뜻 자신이 아주 효율적이고 능력 있는 사람이 된 것만 같은 기분이 든다. 근무 중에 짬

짬이 여자 친구와 메신저로 얘기를 주고받으며 저녁에 볼 영화의 티켓을 예매하고, 식당을 예약하고, 은행 앱으로 송금하며, 주식 창을 띄워놓고 투자를 한다. 하지만 이런 일 처리 방식은 언젠가 문제를 초래한다. 메시지를 엉뚱한 사람에게 잘못 보낸다거나, 잘못된 금액을 송금한다거나, 어이없는 주식 주문 실수로 돈을 벌 기회를 놓치는 경우도 생긴다.

집중력은 여러 가지 일을 동시에 처리하면 분산될 뿐 높아지지 않는다. 멀티태스킹이 아니라 제로태스킹이 될 수도 있다. 뇌과학자들의 연구에 따르면 우리의 뇌는 근본적으로 멀티태스킹을 할 수 없다고 한다. 따라서 번아웃이 왔거나 자신이 평소보다 에너지, 체력, 인지능력이 떨어진 것 같다고 느낀다면 동시에 일하지 않는 것이 좋다. 중요한 일을 처리해야 한다면 더욱더 그렇다.

오랜 시간 집중하려면 '집중-휴식-집중-휴식'의 사이클을 지켜야 한다. 그런데 지나치게 멀티태스킹을 하다 보면 피로로 인해 인지 기능이 저하되어 '작업 기억력'에도 문제가 생긴다. 작업 기억력이란 정보를 기억하고, 저장하며, 다시 불러오는 능력을 말한다. 또 기억된 정보 가운데 어떤 것이 중요한지 우선순위를 매겨 필요한 정보를 효율적으로 꺼내 쓸 수 있는 능력도 포함된다. 따라서 작업 기억력이 높고 원활할 때는 더 많은 과제를 효율적으로 중요한 순서대로 처리할 수 있다. 똑같은 환경에서도 문제 해결 능력이 높아지는 것이다.

작업 기억력은 불안 호르몬인 노르에피네프린의 영향을 많이 받는다. 쉽게 말하자면 쫓기고 불안한 상태에서는 작업 기억력이 저하된다는 뜻이다. 어느 정도 생각할 시간, 한숨 돌려서 머릿속에서 우선순위를 정하는 작업을 할 수 있는 최소한의 휴식이 전제되어야만 제대로 기억력이 활성화된다. 상사가 당장 일을 끝내라며 압박하는 경우처럼 발등에 불이 떨어진 상황에서는 불안하고 여유가 없기에 작업 기억력이 안정적으로 유지될 수 없다는 말이다.

이런 경우 우리 몸은 자동화된 루틴, 즉 조건반사나 무조건반사처럼 이미 학습된 인지능력만 제한적으로 발휘하기 때문에 일을 효율적으로 할 수 있는 작업 기억력은 사용할 수 없다. 뇌 기능이 평소보다 단순해지고 비효율적으로 될 수 있다. 생각하는 사람이 아니라 단순한 기계처럼 작동하게 된다.

따라서 뇌에 나쁜 영향을 미치는 멀티태스킹은 삼가야 한다. 뇌에 과부하가 걸리면 심신의 균형이 깨지면서 결국 한 가지 일도 제대로 해낼 수 없게 되기 때문이다.

번아웃은 번아웃이고,
돈은 돈이고

어떤 사람들은 돈에 집착하는 이들을 보며 "탐욕스럽다.", "진짜 삶의 중요한 가치를 모른다.", "행복을 결정짓는 것은 돈이 아니다." 라고 말하며 평가절하하곤 한다. 하지만 공지영 작가가 쓴 돈에 대한 다음 글에 공감하지 않을 사람은 거의 없을 듯하다.

"나는 돈보다 훨씬 중요한 것들이 있다는 사실을 깨달았다. 그런데 불행하게도 그게 너무 적다는 사실도 함께 깨달았다."

씁쓸하지만 경제 전문지 〈포브스〉의 전 발행인 말콤 포브스 Malcolm Forbes도 이런 말을 남기지 않았던가.

"아들아, 100가지 문제 중에 99가지 문제의 해답은 돈이란다."

어릴 때는 몰랐지만 어른이 되어 현실의 한복판에서 삶을 겪다 보니 이 말들에 절로 고개가 끄덕여진다. 실제로 돈은 나와 가족과 연인을 기쁘게 해줄 수 있고, 우울증도 치료해줄 수 있다.

물론 어릴 적 상처와 트라우마, 정체성 같은 근본적인 원인을 해결해줄 수는 없으나, 인생의 고민을 상당 부분 수월하게 해주는 존재임은 부정할 수 없다.

　번아웃에 빠지면 사람들은 해야 할 일들을 미루거나 포기하게 된다. 일생일대의 기회가 와도 멀뚱히 쳐다보다가 놓치기도 한다. 나 또한 그랬다. 2016년 12월 잠실 아파트를 살 기회가 있었다. 당시 나는 잠실새내역 인근의 부동산을 여러 번 찾아갔고, 급매 물건 계약을 앞두고 있었다. 파크리오 아파트였는데 전세를 끼고 3억 5,000만 원의 금액이면 살 수 있었다.
　그런데 그즈음 번아웃이 찾아왔다. 모든 것이 무의미하고 무기력해 귀찮아졌다. 가계약금 계좌이체를 하면 되는데도, 몇 번이나 미루고 부동산 전화조차 받지 않았다. '조금 더 기다리면 아파트값이 더 떨어질 거야', '아파트보다 주식에 투자하는 게 더 나을 거야' 라는 식의 이성적인 생각에 기인한 행동이 아니었다. 그냥 출근하기도 싫고, 전화 받기도 싫고, 그 어떤 생각을 하거나 중요한 결정을 하는 것조차 귀찮고 우울했다.
　결국 나는 집을 사지 못했다. 2017년 3월에도 그 부동산에서 연락이 왔었는데, 사지 않았다. 당시도 번아웃의 늪에서 헤어나지 못해 주저앉아 있던 때였다. 그 후에 잠실 집값이 어떻게 되었는지는 아마 전 국민이 알 것이다. 번아웃으로 인한 무기력증으로 나는 몇억, 어쩌면 그 이상을 날리고 말았다. 아직도 그때를 생각하면 뼈아플 정도로 후회가 되고, 아무리 힘들었어도 그렇게 큰돈은 눈앞에서 흘려보내지 말았어야 했는데 하는 생각도 든다. 아파트 생각에 한동안은 자다가도 벌떡 깰 정도였다.

돈이 행복의 충분조건은 아니어도 필요조건임은 확실하다. 많은 사람들이 "이번 생은 망했어." 라는 말을 입에 달고 살 만큼 경제 상황이 암울하지만, 돈을 벌 기회나 돈 공부가 나와 무관하다고 생각해서는 안 된다.

아무리 우울하다고 해도 경제 뉴스 정도는 보아야 한다. 내가 발붙이고 사는 세계가 어떻게 돌아가고 있는지 알아야 한다. 자신의 경제 사정이 좋지 않고 투자할 형편이 되지 않는다고 부동산과 주식, 환율 등 경제에 대한 관심을 놓아버리면 우리의 상황은 더 악화될 수 있다. 가난은 불안을 자극하고 우울증을 심화시킬 수 있다. 경제적으로 안 좋은 상황에서 우울증에 걸리면 그 시기도 길어지고 더 나쁜 상황에 처할 수도 있다.

번아웃은 반복적 일상과 스트레스로 누구나 한 번쯤 겪게 되는 증상이지만, 일단 번아웃에 빠지면 극복하기 전까지는 정상적인 판단을 할 수 없을 만큼 결코 가벼운 증상도 아니다. 그렇기에 '번아웃은 번아웃이고, 돈은 돈이다' 라고 의식적으로 생각할 필요가 있다.

자아실현과 성취를 위해 직장을 다니는 사람도 있겠지만, 많은 사람에게 '직장=월급'임을 무시하기는 어렵다. 워라밸의 실현을 위해 가장 중요한 것 중 하나는 결국 '돈'이라는 얘기다.

나도 명색이 정신과 의사라 물질이 아닌 정신과 영혼의 건강함이 삶에서 얼마나 중요한지 늘 고민하는 사람이다. 하지만 최저임금을 받는 형편이 어려운 사람에게 당신이 반포동 아파트에 사는 사람들보다 훨씬 마음이 여유롭고 행복하다는 얘기를 할 수 있을까.

일과 삶을 유연하게 꾸려나가기 위해서는 어느 정도 경제적인 안정이 있어야 가능하다. 여유는 돈으로부터 온다는 말을 흘려듣기에는 우리는 돈의 중요성을 절실히 체감하고 있다. 우리는 건강한 몸과 정신을 유지하며 그 조화를 깨뜨리지 않는 범위 안에서 가급적 돈을 벌 수 있는 방법을 공부해야 한다. 워라밸도 돈과 무관하지 않다.

문밖으로
한 발만 내딛어봐

사람들은 하루의 시간 대부분을 앉아서 보낸다. 오래 앉아 있으면 엉덩이가 아프고 어깨나 등이 뻐근하며 몸이 무거워진다. 이런 상태가 지속되면 권태로운 기분이 들고 자신이 게으르다는 생각이 들면서 초조해진다. 운동이 좋다는 것은 누구나 알지만, 정작 꾸준히 운동하는 사람은 거의 없다. 규칙적으로 운동하는 게 여간 쉽지 않다는 말이다.

사실 번아웃과 같이 소진된 상태에서는 아무것도 하기가 싫어진다. 생각하는 것조차 짜증 나고 무기력해서 밥도 먹기 싫은데, '대체 어떻게 운동을 하라는 것인가?' 라고 말할 수도 있겠다. 나 역시 그랬다. 인생에서 가장 무기력했던 때, 나는 그 기간 동안 집 밖으로 거의 나가지 않았다. 생각해보면 번아웃 정도가 아니라 은둔형 외톨이, 즉 히키코모리 수준이었던 것 같다.

당시의 나는 아침 8시쯤 눈을 뜨면 침대에 누운 채로 오전 10시가 넘도록 웹툰이나 유튜브로 게임 영상을 보면서 하루를 시작했다. 그렇게 뒹굴거리다 10시 30분쯤 되면 집 건너편에 있는 맥도날드에서 아침 겸 점심으로 햄버거를 먹으며 끼니를 때웠다. 집에서 시켜 먹을 수도 있는데 굳이 귀찮음을 무릅쓰고 나온 이유는, 맥도날드 지하에 시설이 좋은 PC방이 있었기 때문이다. 나는 11시쯤 식사를 마치면 PC방에 가서 오후 5시까지 게임을 하고 집으로 돌아왔다. 저녁은 치킨, 피자, 족발 등 배달 음식을 번갈아 시켜 먹었다.

나는 그야말로 시체와 다름없는 우울한 생활을 보냈다. 그나마 식사와 게임 이 두 가지가 '내가 살아는 있구나…'를 증명해주는 행위였다. 이처럼 심각한 번아웃 상황에서는 그 어떤 것도 힘을 내서 시도해볼 의욕이 나지 않는다. 의사인 내가 운동이 좋다는 것을 모를 리가 있을까. 번아웃이 더욱 힘든 건 내가 변화할 수 있다는 것을 자신이 믿지 못하게 만들기 때문이다.

그때 내가 운동을 시작할 수 있었던 것은 홍식이라는 친구 덕분이었다. 그는 내가 굴속에서 나오기까지 끊임없이 문을 두드렸다. 우리 집에 매번 찾아와 축구를 하러 가자고 했다. 움직이기도 귀찮은데 무슨 축구란 말인가. 나는 그럴 때마다 "진짜 싫다고! 내버려두라고!"를 외쳐댔다. 하지만 홍식이는 나의 짜증에 지치지 않고 기다려주었다. 매번 축구화와 운동복을 준비해서 나를 픽업하러 왔다. 주차장에서 내가 나올 때까지 경적을 울렸고, 그래도 나오지 않으면 우리 집 현관문을 발로 찼다. 그의 한결같고 지치지 않는 정성에 미안했던 나는 결국 억지로 축구를 시작했다. 그런데 일주일에 한 번 축구를 하는 것이 차츰 사흘에 한 번이 되고, 이틀에 한 번이 되었다. 축구를 안 하는 날에는 헬스장에도 가게 되었다. 그때부터 조금씩 나의 모든 것이 변하기 시작했다.

멀쩡할 때도 운동을 거의 안 하는데 번아웃에 빠진 상황에서 운동하는 것은 당사자에게는 상상도 할 수 없는 일이다. 그럼에도 이럴 때야말로 절실히 필요한 것이 '운동'이다. 운동은 육체뿐 아니라 정신, 즉 뇌의 건강에도 많은 기여를 하기 때문이다.

번아웃이 왔을 때 운동이 필요한 이유를 자세히 얘기해보면 다음과 같다.

첫째, 운동은 뇌의 근육을 강화한다. 운동하면 근육에서 IGF-1 단백질이 생성되고, 이를 통해 BDNF^Brain-Derived Neurotrophic Factor 라는 뇌신경 영양 인자가 촉진된다. BDNF는 기억과 학습을 담당하는 해마, 언어를 이해하는 측두엽, 인지 기능 및 계산, 결정 기능을 담당하는 전두엽에 작용하여 새로운 뇌세포를 만들고 촉진하는 역할을 한다. 이때 새로운 뉴런이 활성화되면 뇌의 전전두엽에서 피질의 회백질 부위가 증가하는데, 이를 통해 인지 기능과 집중력이 향상된다.

둘째, 운동은 우울증약만큼 효과가 있다. 운동하면 세로토닌 뉴런(세로토닌이 생산되는 뇌 회로를 구성하는 신경세포)의 발화 빈도가 증가하여 세로토닌 분비가 촉진된다. 또 목표를 세우고 운동할 경우 변연계의 보상회로를 자극하여 도파민 생성이 증가한다. 달리면서 쾌감을 느끼는 마라톤의 러너스 하이runner's high 현상처럼 통증을 줄이고 불안을 달래주는 엔도르핀이 분비되기도 한다. 격렬한 운동은 뇌의 엔도카나비노이드 시스템을 활성화시켜 마치 대마초나 마약을 사용한 것처럼 강한 쾌감을 준다. 이렇듯 세로토닌, 도파민, 엔도르핀 수치가 높아지면 뇌는 우울증이나 불안장애에 대항할 면역력을 얻게 된다. 이것은 항우울제의 원리와 아주 비슷하다. 운동하는 것은 항우울제를 먹는 것과 비슷한 효과를 낼 수 있다는 뜻이다.

셋째, 운동은 스트레스를 줄여준다. 우울증에 걸린 10대 소녀들을 대상으로 실시한 일본의 한 연구팀의 조사는 이를 잘 입증해준다. 연구원들은 8주 동안 절반의 학생들에게는 운동을 시키고, 나머지 학생들은 운동하지 않고 평소대로 지내게 했다. 8주 후 학생들의 스트레스 호르몬(코티솔, 아드레날린) 수치를 비교해본 결과, 운동한 그룹은 그렇지 않은 그룹에 비해 이 호르몬 수치가 급격히 감소했고 우울 증상도 눈에 띄게 호전된 것으로 나타났다.

넷째, 운동은 수면의 질을 높인다. 노스웨스턴대학교에서 심한 불면증이 있는 사람들을 두 그룹으로 나누어 비교연구를 수행한 바 있다. 한쪽 그룹은 일주일에 4일 동안 규칙적인 운동을 하게 했고, 다른 한쪽은 운동을 거의 하지 않았다. 4개월 후 결과를 분석해보니 운동한 그룹은 수면과 입면에 걸리는 시간(속도), REM 수면의 비율 등 전반적으로 수면의 질이 크게 향상된 것으로 나타났다.

이처럼 운동은 신체 건강뿐 아니라 뇌를 향상시킨다. 건강해진 뇌는 새로운 감정을 불러일으켜 기분을 환기시키고 우울증을 이겨낼 힘을 준다. 몇 분만 운동해도 뇌세포가 자라고 새로 태어나는데 더 이상 운동을 미룰 이유가 없지 않은가. 운동은 처음 시작하는 것이 가장 힘들다. 하지만 일단 하기만 하면 달라진 보상 회로와 새로 분비된 도파민이 다음 작업을 훨씬 더 쉽게 수행할 수 있도록 해준다. 오늘 운동하는 데 100만큼의 에너지가 필요하다면 내일은 95, 일주일 후에는 70 정도의 에너지만 있어도 같은 양의 운동을 할 수 있다는 뜻이다.

가장 나쁜 생각은 '운동해서 뭐해, 운동한다고 기분이 나아지겠어?'라며 의심하는 것이다. 의심은 스트레스 호르몬을 증가시켜 도파민을 줄이고 의욕을 꺾어버린다. 우울증의 친구인 포기와 권태로움은 달콤한 말로 당신의 시도를 방해할 것이다.

번아웃에 빠져 부정적 인지가 강한 상황에서는 조금씩 성취하면서 자신에게 성공 경험을 부여하는 것이 정말 중요하다. 따라서 큰 목표를 세워놓고 운동하기보다는 작은 목표를 달성하는 것부터 시작해보자. 매일 한 시간씩 뛰겠다는 목표가 아니라 오늘은 10분, 내일은 15분을 뛰어보자고 자신을 격려하며 꾸준히 운동해보자. 이런 시도가 쌓이면 어느새 많은 것들이 달라져 있음을 누구보다 자신이 먼저 알게 될 것이다.

있는 그대로의
나를 인정하기

주의가 산만하고, 무기력하며, 쉽게 짜증이 나고, 화가 치미는 것과 같은 번아웃 증상은 모두 뇌가 지쳤다는 신호다.

인간의 뇌는 깨어 있는 시간의 약 30~50퍼센트를 집중하지 못하고 멍하니 있다. 이때 공상이나 잡생각을 하기도 하는데, 이 시간 동안에도 뇌는 쉬지 못하고 공회전을 하듯 작동한다. 뭔가 집중해서 일할 때뿐 아니라 생각에 빠져 있는 시간도 에너지를 소모 중인 것이다. 이때 뇌의 전전두엽과 후방 대상피질이 활성화되면서 스트레스 호르몬이 높아지고 집중력과 실행 기능이 저하된다. 면역 기능도 나빠진다. 한마디로 지나치게 생각에 빠지는 것은 건강에 해롭다는 말이다.

내 마음을 돌보는 연습 마인드풀니스

번아웃으로 이끄는 여러 가지 생각을 다스리는 방법으로 가장 주목받는 것 가운데 하나가 '마인드풀니스mindfulness' 명상이다. '마음챙김' 명상이라고도 한다.

《사피엔스》의 유발 하라리 교수는 걱정과 고통, 잡념을 비우고 자신을 관찰하기 위해 1년에 한두 달쯤 아예 외부와의 접촉을 끊고 명상을 한다고 알려져 있다. 도널드 트럼프가 미국 대통령으로 당선된 사실을 명상이 끝난 한 달 후에야 알았을 정도로 그는 철저한 명상가다. 그뿐만 아니라 빌 게이츠, 오프라 윈프리, 리처드 기어 등 수많은 유명 인사들이 명상을 극찬하고 있으며 그 유용성을 전파하고 있다.

마인드풀니스는 원시불교로부터 시작되었는데, 19세기 한 영국인이 스리랑카에 방문했을 때 이 종교적 개념을 서양으로 들여왔다고 한다. 이후 몇 차례 수정과 보완을 거치면서 종교적 개념에 국한된 것이 아닌 심리학적 개념이 적용되었고 보다 실용적으로 발전했다.

마인드풀니스 명상의 창시자로 불리는 존 카밧진Jon Kabat-Zinn의 말을 빌리자면, 마인드풀니스란 "순간순간의 생각이나 감정, 감각을 그대로 인정하는 것", "어떤 평가나 판단을 더하지 않고, 지금 여기의 경험에 능동적으로 주의를 기울이는 것"이다.

그의 연구에 따르면 8주 동안의 마인드풀니스 명상으로 대뇌피질이 두꺼워지고, 집중력과 감정 조절 능력이 향상되었다고 한다. 인지 과정에 관여하는 대뇌피질 부위인 안와전두피질의 기능이 향상되어 스스로에 대한 인식에도 긍정적인 효과를 줄 수 있다고 설명한다. 현재의 스트레스는 대부분 과거와 미래에서 비롯된다. 따라서 여기의 감각과 경험에 능동적으로 집중하는 다음의 '마인드풀니스 명상의 원칙'을 따른다면, 번아웃을 치료하는 데에도 좋은 해답이 될 수 있을 것이다.

마인드풀니스 명상의 원칙

- 스트레스에 감정적인 대응을 하지 않고 그저 기다릴 것
- 감정의 원인이나 결과에 연연하지 말고, 그저 그 감정과 나의 인지를 들여다볼 것
- 과거의 실수, 미래의 불안을 되새김질하는 것을 멈추고, 반추의 소모에서 빠져나올 것

명상은 자기를 들여다보는 과정이지만 이 수행이 습관화되면 자기 인식에 대한 변화를 불러온다. 명상에 익숙해지면 객관화된 자기를 볼 수 있고, 무엇보다 자신에게 지나치게 주의를 기울이는 시간이 줄게 된다. 이는 곧 타인의 평가나 인정 욕구로부터 자유로워질 수 있다는 의미이다. 그 결과 덜 초조하고 자기 통제력이 향상될 수 있다.

다음은 일상에서 따라 해볼 수 있는 '마인드풀니스 호흡법'이다. 잠시나마 명상을 수행하며 나를 내려놓는 시간을 가져보자. 다만 5분이든 10분이든 매일 하는 것이 중요하다. 시간대를 정해

놓고 비슷한 시간, 비슷한 장소에서 수행해야 습관화될 수 있다.

마인드풀니스 호흡법

1. 기본자세를 취한다
- 의자에 앉는다. 단, 등받이에 기대지 않고 허리를 편다.
- 손은 허벅지 위에 두고, 다리는 꼬아서 앉지 않는다.
- 눈을 감는다.

2. 몸의 감각을 느낀다
- 발바닥으로 느껴지는 바닥과 땅의 감각, 의자에 앉았을 때 엉덩이로 느껴지는 의자의 감각, 손과 허벅지가 닿은 감각을 의식한다.
- 몸이 지구에 당겨지는 중력을 의식한다.

3. 호흡을 의식한다
- 호흡에 포함되어 있는 감각을 느껴본다. 코로 숨을 들이쉴 때 공기의 느낌, 숨을 들이쉬고 내쉴 때 가슴과 횡격막의 움직임, 복부에 공기가 차고 나가는 느낌을 느껴본다.
- 숨과 숨의 차이. 즉 그 틈새와 시간 차, 깊이를 느껴본다.
- 딱히 심호흡하려고 애쓰지 않고 자연스럽게 내버려둔다. 자연스러운 호흡이 생기는 것을 기다리는 느낌으로 호흡에 하나, 둘, 셋, … 열까지 숫자를 세어본다.

4. 잡념이 떠오를 때는 사실을 알아차리고 인정한다

* 잡념이 생기는 것은 당연하므로 자책하지 않는다.
* 다시 호흡에 주의를 집중한다.

마음의 작용을 없애는 운동, 요가

요가는 명상과 호흡, 스트레칭이 결합된 운동이다. 《파탄잘리의 요가 수트라*The Yoga Sutras of Patanjali*》라는 책에서는 요가를 "마음의 작용을 없애는 것"이라고 정의한다. 요가는 시시각각 변하는 마음과 고통, 잡념과 같은 마음의 움직임을 다스리는 수행이기에, 번아웃으로 인한 마음의 병을 치유하는 데에도 많은 도움이 된다.

요가가 마음에 미치는 영향을 알려면 우선 '바이오피드백Bio-feedback'에 대해 이해할 필요가 있다. 바이오피드백이란 간단히 말하면, 우리의 신체 활동에 따라 뇌가 변하는 것을 의미한다. 심장 박동과 호흡수, 근육의 수축과 이완 등에 따라 미주신경(미주신경은 뇌신경이면서 위와 장까지 뻗어 분포되어 있다)과 호르몬은 큰 변화를 겪게 되고, 이는 우리의 감정을 조절한다는 것이다.

예를 들어 주먹을 꽉 쥐면 우리는 흥분하고 도파민의 상승을 경험하게 된다. 마사지를 받고 이완이 되면 긴장이 풀려 차분해지며 세로토닌이 나온다. 심호흡한다거나 스트레칭을 하거나, 혹은 얼굴 근육의 변화만으로도 우리는 호르몬과 감정의 변화를 경험하게 된다.

요가는 스트레칭과 자세 교정, 호흡법, 긴장 풀기 등의 요소를 포함시켜 우리의 마음을 변화시킨다. 우울한 사람의 자세는 긴장되어 있고 어깨가 굽었거나 처져 있다. 거북목 자세를 떠올리면 이해하기 쉬울 것이다. 근육이 긴장되면 미주신경의 활성이 떨어지고 심박변이도가 감소되기 때문에 우울증에 취약한 물리적 환경이 조성된다. 다행히도 바이오피드백은 바꿀 수 있는 것이며, 이를 위한 방법으로 요가는 접근하기 쉬운 운동이다.

바쁜 일상으로 지치거나 혹은 운동할 엄두가 나지 않는 사람이라면 아래에 소개한 요가 자세와 호흡법을 실천해보자. 어쩌면 요가는 우리의 일상과 가장 가까운 운동이란 생각이 든다. 바르게 서고, 제대로 깊게 숨 쉬고, 지친 근육을 쉬게 하는 몇 가지 요가 자세만으로도 부정적인 감정에 변화를 주어 우울감을 개선할 수 있다.

요가 자세와 호흡법

1. 곧고 바른 자세 취하기

곧고 바른 자세는 신체의 에너지 수준을 높이고 뇌의 반응을 긍정적으로 변화시킨다. 가슴을 앞으로 내밀고 턱을 높이 들면 긍정적인 생각을 갖게 되고 결단력을 높일 수 있다. 또 테스토스테론을 증가시키고, 스트레스 호르몬인 코티솔을 감소시키는 효과도 있다.

2. 천천히 깊게 호흡하기

호흡은 우리 몸의 가장 중요한 기능으로 미주신경을 타고 뇌에 영향을 준다. 자율신경은 교감신경과 부교감신경으로 나뉘는데, 미주신경이 보내는 신호는 부교감신경계에 전달되어 이완과 휴식을 돕는다. 교감신경이 공포나 위급한 상황에 처했을 때 대처하는 기능을 한다면, 부교감신경은 스트레스 상황이 끝난 후 활성화되어 있던 신체를 이완시키는 기능을 한다. 따라서 요가를 통해 천천히 깊게 호흡하는 것을 훈련하면 무의식적인 호흡만으로도 우울감을 개선할 수 있다.

3. 스트레칭으로 근육 이완·수축시키기

스트레칭은 근육의 긴장을 풀고 엔도르핀과 엔도카나비노이드를 자극시켜 긍정적인 감정을 일으키고, 통증을 이겨낼 수 있는 힘을 준다. 어려운 요가 자세는 따라 하기 힘들겠지만 팔과 다리를 쭉 뻗는 것, 목을 곧추세우고 뒤로 젖히는 것, 가슴과 어깨를 펴는 것도 좋은 스트레칭 동작이다. 물론 활 자세나 코브라 자세, 고양이 자세처럼 좀 더 세분화된 자세를 취하면 효과는 높아진다. 요가 자세 중에는 마사지 효과를 낼 수 있는 자세도 있으니 인터넷 검색 등으로 찾아보고 따라 해보길 권한다.

'그날'이 다가오는 게
두려워요

미경 씨는 보안 프로그램 업체의 회계부서에서 일하고 있다. 올해 5년 차로, 일도 익숙해졌고 나름 경력도 쌓여 업무에 관해서는 대체로 만족스러웠다. 연봉이나 복지가 좋은 편은 아니지만, 다른 회사도 크게 다르지 않다는 것을 알기에 하루하루 버티다 보니 지금에 이르렀다.

남초 회사인 이곳 직장을 5년이나 다니는 동안 미경 씨는 많은 인내심이 필요했다. 때로는 너무 힘들어서 화장실에서 운 적도 셀 수 없이 많았다. 어지간한 회사 일로는 이제 끄떡도 없는 미경 씨지만, 사실 그녀에게는 남들이 알지 못하는 큰 걱정이 하나 있다. 한 달에 꼭 한 번 찾아오는 4~5일간의 불쾌감, 바로 '생리전 증후군PMS'이다.

"생리주기라도 규칙적이면 좋겠어요. 어떤 때는 4주, 5주, 또 어떤 경우에는 6주일 때도 있어요. 복통인지 생리통인지 모를 통증에 신경이 쓰이고, 이런 증상 때문에 중요한 약속도 미룬 적이 많아요. 남자 친구와의 데이트는 말할 것도 없고요. 몸에 붙는 타이트한 옷을 입고 꾸밀 수 있는 날도 한 달에 절반도 되지 않아요. 언제 생리가 터질지 몰라 항상 조마조마해요. 생리 전 증후군은 또 어떻고요. 매달 그 시기마다 짜증과 울화통, 예민함을 겪어야 해요. 그때만 되면 내가 나인 것 같지 않고, 누가 지나가다 어깨만 툭 건드려도 눈물이 쏟아질 것 같아요. 마치 깨지기 직전의 유리처럼 불안하고 초조해요. '다음 달에도 또 이렇게 힘들겠지? 내가 무슨 잘못을 했기에 이런 고통을 계속 겪어야 하지? 단지 여자라는 이유 때문에?' 라는 생각까지 들면서 막막한 기분이 들어요. 그 기간에는 출근만 했는데도, 일을 안 하고 있어도 에너지를 다 써버린 것 같고 도망치고 싶은 마음뿐이에요."

미경 씨가 더욱 힘든 건 회사에서 누구도 이 고통에 대해 조금도 알아주지 않는다는 것이다. 남자 직원들에게는 애초에 기대도 하지 않았다. 경험해보지 못한 고통을 어떻게 알까 싶기도 하고, 생리통에 대해 놀리거나 성희롱이나 안 하면 다행이다 싶었다. 작은 배려조차 하지 않는 그들의 태도에 낙담해 마음이 상한 일도 자주 있었기 때문이다.

한번은 이런 일도 있었다. 미경 씨는 통증이 너무 심해서 생리휴가를 쓰려고 인사과에 휴가신청서를 제출했다. 그런데 남자 주임이 대뜸 "아, 나도 여자라서 일하기 싫을 때 생리휴가나 내고 편하게 보내고 싶다."라고 빈정댔다.

또 한번은 어쩔 수 없이 금요일에 생리휴가를 신청하게 되었는데, "생리 핑계 대고 남자 친구랑 여행 다녀오려는 것 아냐?"라며 직원들의 눈총을 받았다.

그럼 여자 직원들은 달랐을까? 아니, 그렇지 않았다. 여자 직원들은 "나도 생리휴가 내고 싶지만 참는 거야. 생리할 때마다 뭘 그리 유난을 떠냐?"라며 수군댔다. 그리고 미경 씨가 생리 기간 때 아파하면, 또 저런다는 식으로 비아냥거리는 눈빛을 보내며 혀를 찼다.

미경 씨는 "차라리 다른 병이라면 이렇게 억울하지는 않을 텐데 말이에요."라며 여자들조차 제 편이 아닌 현실에 괴로워했다. 미경 씨는 직원들에게 눈치가 보여 이제 생리휴가 신청도 하기 어렵다고 토로했다.

생리에 관한 한 연구에 따르면, 전체 조사 대상자 중 75퍼센트에 달하는 여성이 생리통을 경험한 것으로 나타났다. 또 30퍼센트가 넘는 여성이 매달 생리로 인한 주기적인 통증을 겪고 있다고 밝혔다. 더욱이 조사 대상자의 5퍼센트 이상은 일상이나 직장생활이 불가능할 정도의 심한 생리통을 호소했다.

생리 전 증후군의 증상은 가슴 부위의 압박 통증과 복부 팽만, 오심, 부종, 두통, 소화불량, 우울증, 불면증 등 다양하다. 말 그대로 몸이 붓고 소화가 안 되고 밥맛도 없는데 우울하고 잠까지 안 오니, 누가 건드리면 그야말로 폭발할 것만 같은 것이다.

생리 전 증후군의 원인은 에스트로겐의 농도가 과도하게 높아지거나, 또는 세로토닌 농도의 저하와 불균형 때문에 생긴다는 학설이 있으나 정확한 기전은 아직까지 밝혀지지 않았다. 다만 생리가 시작할 때 분비되는 프로스타글란딘에 의해 자궁 근육의 수축과 통증이 유발되는 것은 증명되었다.

그럼 여성이라면 피할 수 없는 이 매달 찾아오는 고통을 어떻게 예방할 수 있을까?

첫째, 단백질과 비타민을 보충하자. 세로토닌의 낮은 농도와 활성도 문제를 해결하려면 충분한 트립토판의 공급이 필요하다. 이를 위해서는 단백질이 풍부한 음식, 예를 들면 닭가슴살이나 두부, 콩, 씨리얼, 현미, 보리 등을 섭취하는 것이 좋다. 또한 칼슘이 풍부한 녹색 잎채소나 떠먹는 요구르트, 마그네슘 보충제, 비타민B6 또는 비타민E를 보충해주는 것도 도움이 된다.

둘째, 생리 직전에는 카페인과 나트륨을 피하자. 생리 시작 5일 전부터는 커피를 줄이거나 끊으면 좋다. 가급적 에너지 음료도 피해야 한다. 카페인으로 예민해진 뇌는 통증에 더욱 민감해지고, 불안 호르몬이 높아져 불면증도 생길 수 있다. 또한 튀김처럼 열량이 높은 음식이나, 맵고 짠 음식을 피하는 저나트륨 식이가 필요하다. 생리 기간에는 소화불량이 심할 수 있는데 이런 음식은 증상을 더 악화시키기 때문이다. 아쉽지만 생리 기간에는 아메리카노, 치킨, 떡볶이, 튀김 등은 피하는 것이 좋다. 굳이 먹어야 한다면 피자 같은 탄수화물 음식을 선택하는 것이 낫다.

셋째, 통증을 억지로 참지 말자. 생리통은 자궁 평활근의 과도한 수축으로 인해 생긴다. 자궁을 이루고 있는 평활근은 다른 근육에 비해 수축 및 이완 속도가 매우 느리고, 한 번 수축되면 지속성이 높다. 예컨대 스트레스 등으로 인해 자궁이 수축되면 특별한 작용 없이는 쉽게 풀어지지 못한다. 이 현상이 계속 반복되면 생리통이 발현되고 점점 더 심해진다. 생리통과 생리 전 증후군에서 가장 필요한 처방은 아픈 것을 가라앉히거나 멎게 하는 것이다. 이를 치료하기 위해 보통 아세트아미노펜 및 이부프로펜 성분의 진통제가 많이 사용된다. 타이레놀, 펜잘, 게보린, 이지엔식스 등의 약이 그것이다. 이외에도 의사의 처방 없이 약국에서 살 수 있는 약 중에는 애드빌이 효과가 좋다(본래 애드빌의 용도는 감기약이지만 진통 성분이 높아 생리통에도 잘 듣는다).

넷째, 짜증과 우울감이 심할 때는 항우울제를 복용하자. 반복되는 우울감과 짜증은 그대로 두면 만성적으로 축적되면서 단순한 생리 전 증후군이 아닌 우울증이나 불안장애로 발전할 수 있다. 이런 생리 전 증후군의 심리적 증상은 항우울제인 세로토닌 재흡수 차단제SSRI를 통해 해결할 수 있다. 의외로 많은 사람이 정신과 약물에 대한 우려를 갖고 있는데 이는 편견일 뿐이다. 생리 직전에 단기간 소량의 약을 적절히 처방받는다면 신체적으로 전혀 무리가 되지 않는다. 세로토닌의 균형이 정상화되면 수면을 조절하는 호르몬인 멜라토닌의 분비도 높아져 숙면을 취할 수 있고, 식욕도 회복되는 등 일상생활 전반에 큰 도움이 된다.

그 밖에 앞에서도 소개한 요가나 필라테스 같은 운동을 통해 이완 동작을 연습하는 것도 도움이 된다.

사람들 대다수가 생리 전 증후군에 대해 오해하거나 잘 모른다. 그냥 참으면 지나가는 것이라며 대수롭지 않게 여기거나, 임신 및 출산한 여성들의 경우 생리 전 증후군이 없어진다는 것 등이 흔한 오해다. 생리 전 증후군과 관련해서 중요한 점은 그 기간 동안 매우 예민한 신체적, 감정적 변화와 고통을 겪고 있는 여성에 대한 가족이나 친구, 주변의 배려라는 것을 기억해야 한다.

내가 가진 것을
발견하다

2017년 6월 토요일 아침, 나는 오른쪽 눈에 작은 점 같은 것이 떠다니는 것을 발견했다. '먼지가 들어갔나? 눈곱이 끼었나?' 하며 별것 아니란 생각에 당시는 크게 신경 쓰지 않았다. 그날 강남역 근처에서 친구와 점심 약속이 있어서 설렁탕을 먹고 우연히 거울을 보았는데, 오른쪽 눈의 작은 점이 조금 더 커진 것을 알았다. '이게 뭐지?' 하며 눈을 비비고 세수를 해도 점은 사라지지 않았다.

그제야 자세히 들여다보니 검은 점이 아니라 검붉은 색, 즉 피에 가까운 색의 점이었다. 그리고 처음에 발견했을 때 먼지 같던 것이 어느새 작은 콩만 한 크기가 되어 있었다.

초고도근시라 시력이 무척 좋지 않은 나는 덜컥 겁이 났다. 무엇인가 잘못되었다는 생각에 후배 안과의사에게 곧바로 전화를 걸었다.

"별것 아닌 것 같은데, 점이 조금씩 커지네? 피멍이 든 것 같고. 그리고 뭔가 굴절되어 보여. 이거 괜찮겠지?"

"형! 어디세요? 빨리 오셔야 할 것 같아요."

내 생각과는 달리 후배의 목소리는 심각했고, 곧장 택시를 타고 세브란스병원으로 갔다. 나는 각막검사, 산동검사, 안구 CT검사 등을 한 시간 정도 받았다. 그런데 검사 결과를 알려주는 자리에 다른 후배도 두 명이나 와서는 걱정되는 표정으로 나를 바라보았다.

'근시성 황반변성'. 그날 내가 받은 진단명이다. 눈에 신생 혈관이 자라나 생기는 병으로, 가만히 두면 이 눈의 출혈이 눈 전체의 초점을 가려서 실명이 될 수 있다고 했다. 사실 이때부터는 너무 무서워서 후배가 무슨 말을 했는지 기억도 잘 나지 않는다. 기억나는 것은 "실명이 될 수 있다.", "아바스틴이라는 항암제를 쓰려고 한다.", "30대 후반에 황반변성이 오는 경우는 0.2퍼센트도 안 된다." 이런 말들이었다.

나는 곧장 수술복을 입고 눈에 항암제 주사를 맞았다. 정말 떨리고 두려웠는데, 후배들이 보는 앞이라 필사적으로 태연한 척을 했다. 하지만 후배들의 표정이 이 병의 심각성을 그대로 전해주었다. 나는 그 표정을 잘 안다. 내가 심각한 치매나 뇌 손상 사진을 보았을 때 조현병을 진단하고, 이를 환자의 보호자에게 설명할 때 드러나는 바로 그 표정이었다.

오른쪽 눈에 안대를 하고 병원을 나오려는데, 산동검사의 여파로 왼쪽 눈도 제대로 보이지 않았다. 즉 앞이 전혀 보이지 않았다. 신촌 세브란스병원 안이비인후과 앞에는 택시 정류소가 없다. 거기서 200미터는 더 걸어가야 대로변이 나온다. 안 보이는 내게 그 200미터는 너무 멀고 험난했다. 넘어지지 않으려고 철제 난간을 붙잡고 한 걸음씩 걸었다. 누군가의 도움이 절실했지만 핸드폰 숫자도 제대로 보이지 않았다. 마땅히 연락할 사람도 없었다. 부모님은 부산에 계셨고, 이 와중에도 주변에 약한 소리를 하고 싶지 않았다. 사실 도와달라는 말조차 꺼내지 못할 정도로 패닉 상태였다.

자꾸 눈물이 났다. 택시를 잡으려는데 빈 택시인지 아닌지 구분도 안 되었다. 아무리 손을 흔들어도 택시는 잡히지 않고, 계속 눈물이 시야를 가렸다. 그때 고맙게도 "아저씨, 제가 도와드릴까요?"라며 어느 대학생이 택시를 잡아주었다. 순간 '내가 얼마나 불쌍해 보였으면…' 하는 자괴감이 들었다. 그리고 '실명', '장애'라는 말이 끊임없이 머릿속을 맴돌았다.

주사를 맞으면 금방 효과가 나타날 수도 있다는 말에 밤새도록 기도했다. 착하게 살겠다고, 기부도 많이 하겠다고 맹세했다. 30대 후반의 젊은 의사에게 실명은 사형선고나 다름없다는 생각까지 들었다. 3주에 한 번씩 항암제 주사를 맞으러 갈 때마다 제발 조금이라도 나아졌으면 하고 간절히 바랐다. 안과 대기실에 앉아 기다리는 그 시간이 마치 재판을 기다리는 죄인인 것처럼 무섭고 초조했다.

당시 부모님은 물론이고 아무에게도 이 사실을 알리지 않았다. 만약 항암제 주사가 효과가 없으면 어디론가 사라져버리자라는 생각을 몇 번이나 했다. 아무에게도 짐이 되고 싶지 않다는 생각에, 사랑하는 사람에게도 연락을 끊었다. 이기적인 생각이었지만 철저히 혼자이고 싶었다. 더 비참해지기 싫었기 때문이다.

2017년 11월, 나는 여섯 번의 항암제 주사를 맞고 나서야 치료가 되었다는 진단을 받았다. 주치의는 상태가 안 좋아서 솔직히 회복이 안 될 줄 알았다고 했다. "이제는 괜찮다."는 그의 말이 하느님의 목소리처럼 들렸다. 고맙다는 말을 몇 번이나 했는지 모르겠다. 당시 나는 '이제 죽지 않아도 되겠구나'라는 생각에 계속 울었다.

3년이 지난 지금에서야, 그때의 불안과 공포로부터 조금 편안해짐을 느낀다. 철저히 혼자였고, 주변의 누구도 믿지 못하고 도와달라 말하지 못했던 나는 그 뒤부터 다시 태어난 마음으로 살고 있다. 남은 인생은 보너스다라는 심정으로 말이다.

2018년에 나는 병원을 개원했고, 2019년에는 운 좋게도 책을 출간할 수 있었다. 내 옆에 사랑하는 사람도 생겼다. 돈은 많이 못 벌었지만 작은 의원에서 마음이 우울하고 아픈 사람들을 위로해주고 있다. 이 소소한 일상의 모든 것이 그저 감사하고 기적 같다.

나는 석 달에 한 번씩 안과에 가서 눈 상태를 검사받는다. 여전히 오른쪽 눈에는 작은 멍 같은 흔적이 보이고, 약간의 굴절이 있다. 아마 내가 외과의사였다면 업에서 은퇴해야 했을지도 모른다. 돌이켜보니 정신과 의사가 된 것이 참으로 다행이라는 생각이 든다.

내 마음에 욕심이 생기고 행복하지 못하다고 느낄 때, 성공한 친구들이나 남들이 부러울 때, 불현듯 우울감이 찾아오는 날에는 오른쪽 눈에 남은 멍을 생각한다. 또 환자들을 보는 게 더없이 피곤하게 느껴지는 날에는 무섭고 지옥 같던 그날의 안과 대기실을 떠올린다. 의사의 입에서 무슨 말이 나올까 노심초사하며 제발 괜찮다는 말을 해주기를 간절히 바라던 때를 기억한다.

나는 질투가 많고 시기심이 많은 사람이었다. 자존감도 낮아서 늘 남과 비교하며 가지지 못한 것들에 불만스러워했다. 그렇게 환자가 되어보고 나서야, 실명의 공포를 경험하고 나서야, 비로소 진정한 삶의 의미에 대해 한 걸음 더 다가갈 수 있었다.

"나는 신발이 없음을 한탄했는데, 길에서 발이 없는 사람을 만났다." 라는 데일 카네기의 말이 가슴에 스친다. 매번 없는 것에 대해 부러워할 게 아니라, 지금 자신이 가지고 있는 것에 감사할 줄 알아야 한다는 뜻일 것이다. 성공하고 유명한 의사를 목표로 할 것이 아니라 누군가의 아픔을 위로할 수 있는 기회가 남아 있음이 얼마나 소중한 일인지를 다시금 깨닫게 된다.

이 글이 현재 여러분의 곁에 있는 것들에 대해 소중함을 느끼고, '지금 가지고 있음'에 감사할 수 있는 시간이 되었으면 하는 바이다.

다시 일어서는 힘

행복해질 수 있는 기회는 시간 안에 있다

돌이켜보면 번아웃을 겪으면서 잃어버린 것 중 가장 아까운 것은 '시간'이다. 번아웃에 빠져 무력감을 겪다 보면 1~2년은 그야말로 훌쩍 가버린다. 보통 20대 후반에서 40대 중반까지 번아웃에 많이 걸린다. 이 황금 같은 시기 우울감과 비관적인 감정이 소중한 시간을 잠식하며 갉아먹는 것이다.

나는 2017년 1월쯤부터 다음 해 2018년 10월 무렵까지 번아웃에 빠져 있었다. 30대 후반의 그 귀한 시간을 마냥 흘려보낸 것 같아 너무도 아프고 쓰리다. 여행이라도 이곳저곳 실컷 다닐 걸, 연애라도 열심히 할 걸, 정신과 의사로서 혹은 개인으로서 책을 읽지도 운동도 전혀 하지 않고 그저 드러누워 하루가 지나가기를 바랐다.

돈은 다시 벌 수 있고, 잃어버린 경력도 차차 복구할 수 있다. 소원했던 인간관계도 꾸준히 마음을 쏟으면 회복할 수 있다. 하지만 나의 36살, 37살은 방안에서 흘러가 버렸다. 당시 나는 지나간 과오를 자책하고 후회하는 것 말고는 그 어떤 것도 하지 않았다. 이 얼마나 어리석은 일인가.

그런 시간이 있었기에 지금이 있지 않느냐고? 그렇지는 않다. 자책하고 반성하며 내면과 조우하는 시간은 두세 달이면 족하다. 나머지 깨달음은 골방에서 혼자 하는 게 아니라 두 발을 땅에 딛고 현실과 부딪히며 얻어야 한다. 번아웃을 방치하면 불안 증상이 지속되고 무력감이 심해져 자신이 바라는 상황과 점점 더 멀어질 수 있다. 삶에서 내 마음이 자꾸 엇나가는 것이다. 번아웃은 생활 습관의 교정과 관리를 통해서 충분히 개선될 수 있는 증상이므로 지체하지 않고 바로잡는 것이 중요하다.

두세 달이면 충분했을 번아웃이라는 좌절의 시기를 나는 너무도 길게, 착실히 허비하고 말았다. 조금 더 빨리 상담을 받았더라면, 가까운 친구에게 허심탄회하게 모든 걸 털어놓았더라면 하는 아쉬움이 남는다. 이 책의 글들은 부질없이 손가락 사이로 흘러내린 괴롭고 아쉬웠던 시간들의 반성이자 기록이다.

우리에게 공평하게 주어진 것은 오직 시간뿐이다. 빌 게이츠도, 워런 버핏도 그들보다 유명한 어떤 사람도 우리와 똑같이 하루는 24시간이다. 시간보다 중요한 것은 없다. 내 인생에 번아웃과 같은 부정적인 영향을 미치는 시기가 있다면 더 이상 지체하거나 방치하지 말고 과감하게 단절할 용기를 내어보자. 행복해질 수 있는 기회는 오직 시간 안에 있다.

달라지고 싶다면 '마음 일기'를 써봐

번아웃에 빠졌을 때 가장 나쁜 것은 매일매일 아무것도 달라지지 않는 것이다. 어제, 오늘, 그리고 내일 역시 아무것도 하지 않는 것이다. 보통 아무 일도 없으면 일기를 쓸 필요가 없다고 생각하지만, 그렇지 않다. 번아웃처럼 어두운 정서가 지속되는 시기일수록 일기라도 써야 한다. 한 줄이라도 써서 오늘 나의 거지 같은 하루의 기분과 무기력함을 기록으로 토해낼 필요가 있다. 그래야 오늘의 우울이 내일로 이어지지 않는다. 혹시 이어지더라도 희미하게 만들 수 있다.

"이렇게 저렇게 해봐도 안 돼요. 매일 일기를 써도 기분이 전혀 나아지지 않아요." 라고 말할 수도 있겠다. 물론 오늘 일기를 쓰는 것만으로 인생이 달라지는 것은 아니다. 오늘 당장은 느끼지 못한다.

그러나 다음날 또는 일주일 후, 열흘 후 내가 쓴 일기를 읽어보자. 내가 느낀 좌절, 허무한 감정을 꾹꾹 눌러 담아 쓴 나의 기록을 들여다보자. 그러면 '아, 어제 내가 이랬구나', '그날 힘들어서 아무것도 할 수 없었구나' 라며 자신을 되돌아볼 수 있다. 그러면서 바라게 된다. 내일은 달라지기를, 변화하고 싶다고 원하게 된다.

일기는 솔직한 내 감정을 들여다볼 수 있는 온전한 내 영역이다. 일기를 쓸 때만큼은 남들 눈치를 볼 필요가 없다. 그렇기에 일기는 보통 지질하고 슬프고 속상한 내용으로 가득하다. 감정의 찌꺼기들이 남아서 부유한다. 당시의 마음이 떠오르고, 상처를 다시 경험하고, 되새김질하게 된다. 아프다.

그래도 내 마음의 기록을 남겨보자. 무엇을 했고, 누구를 만났고 등과 같이 일과를 나열할 필요는 없다. 육하원칙도 필요 없다. 그저 내 감정이 어떻게 흘러갔는지를 따라가며 일기에 담아보

자. '감정 일기' 혹은 '마음 일기'를 쓰는 것이다.

글쓰기는 치유의 힘이 있다. 일기를 쓸 때 우리는 '나'라는 거울과 마주할 수 있다. 무의식이라는 수면에 손이 닿아 잔잔히 파문이 일어난다. 그 순간이야말로 어떤 저항이나 불편한 마음 없이 내면을 여행할 수 있는 시간이다.

일기는 과거의 기록, 추억이라고들 하지만 일기는 과거를 회상하기 위한 것이 아니다. 내일의 내가 달라질 수 있다는 믿음이다. 변화하는 내일을 맞이하기 위한 자신과의 약속이다. 그러니 매일 단 한 줄씩이라도 써보자. 하루하루 마음을 새겨보자. 그러면 어느덧 맺힌 마음이 풀어지는 순간이 있다. 보지 못했던 순간이 보이는 때가 있다. 나를 받아들이고 이해하다 보면, 나아가 타인도 이해하게 된다. 삶의 변화는 그렇게 찾아온다.

'그까짓' 줄넘기의 마법

나는 운동을 못하고 싫어한다. 빈말이 아니라 '진짜' 못한다. 기초 체력도 안 좋고 운동신경도 없다. 공으로 하는 구기 운동은 물론 오래달리기나 수영 등 유산소 운동과 웨이트 운동 등 운동이라면 전방위적으로 못한다.

그렇다 보니 평소에도 운동을 안 하게 되고, 무력감에 빠졌을 때는 당연히 안 한다. 아니, 절대로 안 한다.

하지만 당신도 나와 같다면 크게 잘못된 선택을 한 셈이다. 머리가 텅 빈 것처럼 무기력할 때는 육체라도 건강해야 한다. 뇌와 신체는 동전의 양면과 같아서 뇌의 호르몬 잔고가 완전히 바닥나버렸을 때는 건강한 심장과 근육에서 호르몬을 다시 쥐어짜 줄 필요가 있다. 번아웃이 왔을 때야말로 억지로라도 운동해야만 하는 것이다. 물론 번아웃이 와서 의욕이 전혀 없는 사람에게 헬스장을 가라거나, 1시간씩 뛰라고 하면 이는 적절하지 못하다. 가능하지도 않다. 운동이 어렵기만 한 사람들은 하루에 5분씩이라도 운동하는 습관을 들여 조금씩 그 시간을 늘려나가는 것이 좋다.

운동을 처음 시작하는 사람들에게는 홈트레이닝이나 플랭크 등도 추천하지 않는다. 나를 비롯한 대부분의 '운동고자'들은 자세조차 제대로 못 잡는다. 내 운동 능력은 《수학의 정석》으로 치면 영원히 집합 수준에 머물러 있다. 운동을 못하는 사람일수록 자신에게 맞고 접근하기 쉬워서 꾸준히 할 수 있는 것을 선택할 필요가 있다는 뜻이다.

내 경우는 '줄넘기'가 최적의 운동이었다. 그나마 자세에 신경 쓰지 않고 전신운동이 될 만한 가장 만만한 운동이 줄넘기였다. 처음 줄넘기를 할 때는 이마저도 쉽지 않았다. 줄넘기 세 번 만에 줄이 발에 걸려 넘어진다거나, 열 번쯤 뛰고 나서는 '젠장! 이까짓 게 무슨 도움이 되겠냐'라며 줄넘기를 집어던지기도 했다.

바로 여기가 중요한 갈림길이다. '이까짓 게 무슨 도움이 되겠냐'는 생각만 극복한다면 세상의 모든 것은 도움이 된다.

이따금 줄넘기로 운동하다가, 줄넘기를 5개쯤 잃어버렸을 때 나는 생각했다. '나는 정말 쓸모없고 한심한 인간이지만, 그래도 줄넘기 50개도 못할 만큼 바보는 아니야'

처음으로 줄넘기 50개를 한 날은 2018년 5월쯤이었는데(믿기지 않겠지만 사실이다. 초등학생 때 줄넘기를 한 것을 마지막으로 나는 그때까지 줄넘기를 해본 적이 없었다), 이날의 기억이 생생하다. 운동하고 이마에 땀이 맺힌 걸 너무나 오랜만에 느꼈기 때문이다.

번아웃으로 1년이 넘는 시간 동안 주저앉아 아무것도 하지 않았던 나는 이 땀방울에 울컥했다. 그 이전까지 시체처럼 살았기 때문이다. 아무런 희망도 없었고, 무엇인가를 해볼 의지조차 없었기 때문이다. 지난 시간이 부끄럽고 한심해서 눈물이 났다. 5분만 뛰어도 땀이 맺히는데, 1년이 지나도록 단 5분도 노력하지 않았던 것이다.

한편 '얼마나 지치고 아팠으면, 그럴 만큼의 힘도 없었던 것일까' 하고 자신을 있는 그대로 마주할 수 있게 되었다.

그날 이후 나는 지금껏 매일 줄넘기를 한다. 병원에도, 집에도, 가방에도 줄넘기가 한 개씩 있다. 지금은 줄넘기 500개는 5분이면 충분하다. 심지어 이단뛰기도 곧잘 한다!

세끼 중 가장 중요한 아침 식사

우리 뇌는 무척 까다로운 기관이다. 뇌세포가 제대로 작동하려면 고급 포도당과 단백질, 탄수화물이 필수적이다. 특히 아침에 공급되는 음식의 질이 뇌 건강을 좌우한다.

그러나 대부분의 바쁜 직장인들이 매일 아침 자신의 뇌에 공급하는 것은 카페인이다. 그것도 투샷, 그란데 사이즈로 주입한다. 가뜩이나 불면증에 충분히 쉬지도 못해서 잠이 덜 깬 불쌍한 뇌세포를 향해 강렬하고 뜨거운 카페인을 들이붓는 것이다.

오전에 졸지 않으려고, 졸음운전을 하지 않기 위해 커피로 하루를 시작하는 것은 대단히 좋지 않은 습관이다. 뇌를 때려서 억지로 깨우는 행위다. 그렇기에 아무리 적은 양이라도 꼭 아침을 챙겨 먹어야 한다.

많은 직장인들이 속이 안 좋아서, 소화가 잘 안 돼서, 아침에 씻고 출근하기 바빠서 아침을 먹지 않는다고 말한다. 하지만 아침 식사는 이런 핑계로 건너뛸 수 있는 사항이 아니다.

아침 식사는 하루를 건강하게 준비하고 시작하기 위한 중요한 의식이다. 떠먹는 요구르트, 바나나 반 개, 달걀, 감자, 우유, 빵 반 개, 낫또, 견과류 등등 자신이 선호하는 음식 중 부담 없는 메뉴로 적당히 골라 먹어보자. 식사량은 조금이 좋다. 음식을 소화하는 데 여분의 에너지를 쓰게 되면 하루의 시작이 힘들어질 수 있다.

어떤 사람은 어제 야식으로 먹다 남은 치킨이나 피자를 데워 먹는 경우도 있는데 휴일이 아니라면 이는 추천하지 않는다. 아침에 먹는 단백질과 탄수화물이 낮 시간의 세로토닌이 되고 밤의 멜라토닌이 된다. 내가 낮에 편하게 일하고 밤에 수면을 얼마나 잘 취하는지 여부는 아침 식사에 달렸다고 해도 과언이 아니다. 즉, 나의 하루는 아침에 결정되는 것이다.

그 어떤 예외도 필요없다. 아침은 무조건 먹어야 한다.

관계도 미니멀이 필요해

Part 2

관계 속에서
나를 지키는 법

인격 성향과 인격장애

당신은 '일'이 힘든가 아니면 '사람'이 힘든가? 인간은 대개 스스로 조절하거나 통제하지 못하는 데에서 어려움을 느끼기에, 일보다는 사람이 힘든 쪽에 무게가 실리지 않을까 싶다. 업무는 얼마큼 힘들지 예측할 수 있는 범위에 있지만, 사람으로 인한 황당함과 분노는 예측하기 어려워서 퇴사를 결정케 하는 중요한 트리거가 되기도 한다.

나의 욕망과 체력이 걸림돌일 뿐 일은 노력하면 성과를 올릴 수 있지만, 인간관계는 노력해도 나아지지 않는 경우가 많다. 직장생활이 힘든 것은 결국 여러 사람의 관계, 일, 감정이 복잡하게 뒤섞여 움직이는 곳이기 때문이지 않을까.

직장생활을 하다 보면 도저히 상식적으로 이해하기 힘든 성격의 사람들을 만난다. 보통의 사고와 이해 범주로는 수용할 수 없는 성향의 사람 말이다. 인터넷상에 직장인 관련 글을 검색하면 "또라이 질량보존의 법칙"이라는 말이 자주 눈에 띈다. 세상에는 참으로 다양한 사람이 있고, 어느 곳이든 사람들을 괴롭히는 구성원이 일정량 존재한다는 의미이다. 한마디로 우리 직장에도 '또라이'는 존재한다는 것이다.

역설적이지만 '도대체 저 사람은 왜 저러지?' 라는 생각이 들 만큼 성격이 이상한 사람들이 버젓이 직장에 잘 다닌다. 정신과 의사로서 안타까운 부분인데, 정작 문제가 있는 사람은 멀쩡히 잘 사는데, 그 사람 때문에 힘든 주위 사람이 정신과에 찾아온다. 우리가 피할 수 없거나 피하기 힘든 곳, 즉 가정이나 회사 같은 삶의 중요한 터전에서 그들을 매일 상대해야 하기 때문에 사람들은 마음에 병을 앓는다.

GAF 검사를 설명하면서 얘기했듯이, 정신과 전문의는 정신 장애를 진단할 때 '사회적 기능 및 대인관계 기능의 심각한 손상이 뚜렷한가'를 중요한 기준으로 삼는다. 또한 정신 질환으로 진단되지 않거나 약물 치료가 필요한 수준은 아니어도, 자신 또는 타인에게 심각한 수준의 스트레스를 주는 이들을 '인격장애'가 있다고 분류한다.

그렇지만 인격장애라는 단어가 주는 스티그마(stigma, 부정적 낙인) 때문에 나는 이 말을 사용하는 것을 싫어하는 편이다. 피상담자가 인격에 큰 결격 사유가 있는 것처럼 부정적으로 규정되고 폄하되는 것 같기 때문이다. 그래서 인격 성향이 두드러져 인격장애로 발전되는 심각한 일부 증상을 제외하고는, 인격장애라고 지칭하기보다는 가급적 '인격 성향'으로 순화해서 기록한다.

사실 정신과 의사도 어디까지가 불안이고, 어디까지가 우울인지 진단하기 어려울 때가 있다. 이 사람이 불안하기 때문에 우울해진 것인지, 우울해서 불안이 파생된 것인지는 닭이 먼저냐 달걀이 먼저냐 같은 딜레마에 빠지게 한다. 이런 경우는 한 발 물러나 그 사람의 증상을 통합적으로 바라보려는 시도가 필요하다. 이것은 인격 성향을 파악하는 측면에서도 마찬가지이다. 사람의 인격이란 평면적이거나 단순하지 않다. 매우 복잡하고 다차원적이다. 한 사람이 여러 가지 군의 성향을 동시에 갖고 있는 사례도 많다.

정신과에서는 '역동적 정신분석psychodynamics 이론'을 근거로 인격장애의 유형을 크게 'A군, B군, C군' 세 가지로 나눈다. 역동적 정신분석에 의하면 인간의 어떤 한 시점에서의 행동은 '외부의 환경적 영향'과 '내부의 고유한 성향'의 상호작용으로 발생한 결과이다. 따라서 인간의 성격과 행동은 유전, 환경, 사회를 비롯한 모든 것으로부터 영향받을 수 있으며, 얼마든지 새로운 상태로 변화할 수 있다는 것이다. 인격은 한 시점에 고정되어 굳어진 것이 아니라 가변성, 유연성을 가진 것이기에, 살면서 경험하는 다양한 상호작용의 결과일 뿐 이를 좋다, 나쁘다로 논하기는 어렵다.

이렇듯 기본적으로 인격 성향은 병적인 것이 아니기에 치료의 대상은 아니다. 나 또는 다른 구성원이 위 인격 성향을 띠는 정도라면 문제될 것은 없다.

그러나 그 성향이 심각해서 주위 사람을 괴롭게 하거나, 직장에서 일할 수 없는 상황이라면 그때는 가벼운 문제가 아니다.

2부에서 인격 성향을 구체적으로 다룬 것은, 내가 어떤 성향인지를 파악해서 조금이라도 수월하게 타인과 교류하기를 바라는 마음에서다. A군, B군, C군의 인격 성향과 사례를 살펴보면, 자연스럽게 '내가 이런 성향이구나', '김 대리가 딱 그런 성향인데', '이건 우리 과장 얘기 같은데?' 라며 고개를 끄덕이는 순간이 있을 것이다.

나를 불편하게 만드는 사람으로 인해 끊임없이 분노하고 자신의 감정에 몰두하다가 우울감에 압도되어서는 안 된다. 부정적인 감정은 실제보다 더욱 증폭되는 경향이 있기에 상황을 더욱 나쁘게 만들 수 있다.

쉽지 않겠지만 사람 때문에 정서적으로 '번아웃'이 왔다면, 자신과 조금 거리를 두고 행동의 이면에 어떤 동기가 있는지 되짚어봐야 한다. 현재 겉으로 드러난 갈등의 원인이 아니라, 과거의 어떤 경험이 그 갈등에 영향을 미쳤는지 살펴볼 필요가 있다. 그런 상황에 대한 정보를 이해하면 내가 당사자를 자극했던 언행이 무엇인지도 파악할 수 있다. 사소한 말이나 행동도 감정이 관여하면 문제가 커지는 것이 인간관계이기 때문이다.

간략하게 정리하자면 '인격 성향'과 '인격장애'를 나누는 경계는 다음과 같은 기준에 의해 판단할 수 있다.

- 증상의 빈도와 심각성은 어떠한가?
- 그 성향이 대인관계에 나쁜 영향을 끼치고 있는가?
- 그 성향이 당사자의 사회적 기능을 저하시킬 만큼 뚜렷한가?

누구나 A군, B군, C군 인격 성향 가운데 한두 가지의 성향은 가지고 있다. 정신과 의사인 나 역시 강박적 인격 성향(C군)과 자기애적 인격 성향(B군)을 일부 갖고 있다.

레지던트 시절, 동기들에게 나는 'N.O.S^{not otherwise specified}' 라고 불렸다. 달리 분류되어 있지 않은 기타 인격장애라는 뜻이다. 인격장애가 있기는 한데, 딱히 어떤 한 가지에 들어맞는 것이 없다는 말이다. 이는 달리 생각하면 어떤 인격장애의 특징도 뚜렷하지 않으니 원만한 성격이라는 동시에, 모든 인격장애의 가능성을 내포하고 있다는 부정적인 의미도 된다. 동기들의 뉘앙스는 아마 후자이지 않았을까.

20대, 30대의 나는 직장 동료와 친구들, 그리고 환자들에게 나의 모난 점과 약점을 드러내지 않으려 부단히 애쓰던 때였다. 내 성향을 타인에게 비교적 들키지 않은 것은 강박적인 노력의 부산물이었고, 나는 그것을 무척 뿌듯해했다. 남에게 속마음과 나약함을 내비치고 싶지 않았기 때문이다. 하지만 나의 내면을 부끄러운 것이라 여긴 사고는 말투와 행동을 불편하게 만들었다. 이런 정서가 대인관계를 피상적으로 만들었고, 직장생활 역시 잘 헤쳐나가기가 어려웠다.

자신의 인격 성향을 파악하고, 그에 맞는 전략을 세우는 것은 성숙한 나로 거듭나기 위해 중요한 과정이다. 이는 나를 둘러싼 세상과 소통하는 방법이기도 하다. 당신이 A군, B군, C군 인격 성향을 갖고 있어도 문제될 것 없다. 이는 부끄러운 점, 모난 점, 부족한 점이 아니라 나를 설명하는 특징일 뿐이다. 이것을 깨닫고 인정한다면, 당신은 내면의 상처받은 어린아이와 작별하고 새로운 단계로 나아갈 기회를 마주할 준비가 된 것이다. 이제 비로소 스스로를 어른이라고 불러도 좋은 것이다.

자신만의 성城을 쌓고
사는 사람들

A군 인격장애

A군 인격장애는 '편집성 인격장애, 분열성 인격장애, 분열형 인격장애'로 분류된다.

지금의 조현병schizophrenia이 과거 정신분열병으로 불렸을 때, A군 인격장애의 명칭들이 그 이름과 비슷해 정신분열병의 전 단계쯤으로 오인하는 경우가 많았다. 실제로 아주 약간의 교집합은 있지만, A군 인격장애와 조현병은 엄연히 다른 차원의 질환으로 두 증상 간에는 큰 차이가 있다.

따라서 이 글을 읽고 자신이 A군 인격장애 증상에 공통점을 보인다고 해서, '이러다 나중에 내가 조현병이나 정신 질환에 걸리는 것은 아닐까?' 하고 불안해할 필요가 없다.

모든 게 너무 의심스러워! _편집성 인격장애

편집성 인격장애paranoid personality disorder를 가진 사람은 기본적으로 의심이 아주 많다. 타인은 물론이고 자기 스스로를 의심하는 통에 항상 자신이 없고 부정적이다. 팀 프로젝트를 할 때도 정보 공유를 꺼리는 경우가 많고, 다른 사람이 자신을 칭찬해도 그 의도를 의심한다. 이들은 어떤 일이 성공했을 때도 좀처럼 기뻐하지 않는다. 다른 사람이 자신의 공로를 채갈 것이라고 생각하기 때문이다. 똑같이 업무가 할당되었음에도 자신이 훨씬 많이 일하고 부당한 대우를 받고 있다고 생각한다. 그에 비해 다른 동료들은 빈둥거리며 제대로 일하지 않으면서도 자신보다 더 인정받고 있다고 생각해 항상 불만족스러워한다.

이들은 회사 밖에서도 매우 피곤한 삶을 산다. 아주 작은 손해도 부당하다고 여겨 참지 못한다. 그 부당함이 자신을 무시해서 생긴 일이라고 믿기 때문이다. 이들은 아무리 사소한 일이라도 자신의 정체성을 위협받았다고 느낀다.

예를 들어 택시를 탈 때면 기사가 일부러 요금이 많이 나오도록 먼 길을 돌아간다고 생각한다. 편의점이나 식당 직원이 조금만 불친절해도 목소리를 높이고 말싸움을 건다. 보통 사람들은 기분이 나빠도 어느 정도 참고 넘어갈 수 있는 일을 결코 참지 못한다. 편집성 인격장애를 가진 사람들은 "사장 나와!" 라는 말을 거침없이 내뱉고, 사장과도 말이 통하지 않는다고 생각하면 고발을 해버린다. 해당 편의점 등을 고발하는 것이 오히려 자신의 시간과 에너지를 쏟아부어야 하는 힘든 일이라는 것을 알면서도, 이들은 연차까지 내서 편의점 본사에 찾아가 민원 접수를 하고 고발을 한다. 이들은 표면적으로는 원칙이나 정의감을 내세우고 그 당위성을 위해 행동하는 것처럼 보인다. 하지만 이들을 움직이는 에너지는 자신이 무시당한 것에 대한 '참을 수 없는 분노'에서 나온다. 이들은 무척 예민해서 남들이 모르고 지나칠 만한 작은 부분도 여지없이 발견해내어 자기 자신을 피곤하게 만든다.

편집성 인격장애의 특징

- 충분한 근거 없이 타인이 나를 이용하거나 피해를 준다고 의심한다.
- 동료를 믿지 못한다.
- 칭찬을 받아도 그 이면에 비꼼, 비웃음, 비난을 찾으려 한다.
- 작은 일에도 원한을 품고 끝까지 기억한다.

직장이나 주위에 편집성 인격 성향을 가진 사람이 있다면 어떻게 대처해야 할까?

첫째, 대화는 짧고 간결하게 필요한 말만 전달한다. 이들은 대부분 관계에서 '투사적 동일시'를 시도한다. 정신분석이론에서 '투사'란 자신이 받아들일 수 없는 욕망이나 생각 등 내적 위협을 무의식적으로 외부 세계로 옮겨놓는 것을 말한다. 같은 맥락에서 투사적 동일시는 문제의 원인을 상대방 탓으로 돌려 그 원인이 상대의 전이된 감정에 있는 것처럼 인식하게끔 화살의 방향을 돌리는 것을 말한다. 즉 대화하면서 꼬투리를 잡아 상대 탓을 할 기회를 찾는다는 것이다.

이들은 대화에 그 사람의 의견이나 평가, 감정이 조금이라도 섞이면 자신이 비난받고 있다고 착각하므로, 정확하고 객관적인 사실에 근거하여 얘기하는 것이 좋다. 더 좋은 방법은 가급적 대면하지 않고 문서로 의사를 전달하는 것이다.

둘째, 도발에 넘어가지 않도록 한다. 편집성 인격 성향을 가진 사람과 크게 갈등을 겪는 사람은 보통 이들을 멀리한 사람보다 오히려 이들을 옹호해준 직장 상사라든가, 동기, 친구인 사례가 많다. 심리학 용어로는 '역전이 저항'이라고 하는데, 쉽게 말해 '내가 평소에 얼마나 챙겨주고 참아줬는데 나한테 고마운 줄도 모르고 화를 내?' 하며 억울해하는 감정을 말한다. 이들의 기준에는 과거의 고마움이나 관대함에 대한 고려가 없다.

따라서 편집성 인격 성향을 가진 사람과 언쟁할 경우에는 이들의 꼬투리 잡는 행위나 의심에 욱해서 화를 내서는 안 된다. 갑자기 치밀어올라 감정적 대응을 한다면, 이들은 폭력적으로 돌변해 공격적인 언행을 할 수도 있다. 그러니 사실을 분명히 확인해볼 것을 강조하자. 더 자세히 확인해보는 것은 이들이 무척 좋아하는 행위이므로 쉽게 수용할 것이다.

셋째, 투명하게 모든 것을 공개한다. 편집성 인격 성향을 가진 사람은 다른 사람의 말을 믿지 않는다. 이들과 갈등이 있을 때 제3자가 나서 중재를 하면 오히려 이들을 자극하게 된다. 둘이서 짜고 나를 속이려 한다고 여기기 때문이다. 이들은 눈에 보이는 증거와 자료, 공적이고 객관적인 사실만을 신뢰한다. 그러니 자료의 출처까지 투명하게 밝히고, 그 사료의 검색까지 이들 본인이 스스로 하게 하는 것이 좋다. 자신이 의심하고 싶은 만큼 그냥 놔두는 것이다. 스스로 지치거나 납득할 때까지 말이다. 몇 번의 검증 과정을 거치면서 이들은 결국 그 의심의 근원이 자신의 트라우마나 상실의 경험에서 기인한 것임을 깨닫게 된다.

역설적이지만 지나치게 의심이 많고 타인을 불신하는 편집성 인격 성향을 가진 사람은 혼자가 되는 것을 두려워하며, 타인과의 유대를 더욱 갈구한다. 자신의 높은 기준을 극복하고 강한 믿음과 안정감을 줄 누군가를 기대하는 것이다.

따라서 의심이 많은 직장 동료와 가까운 관계를 원한다면 이들과 맞서지 않는 것이 좋다. 이들이 충분히 의심하고 표현하고 해소되어가는 과정을 그냥 한 발 떨어져서 지켜보자. 자신을 그토록 괴롭히는 불안과 초조감이 외부로부터 온 것이 아니라 내부적인 무의식에서 온 것을 지각할 때, 비로소 당신에게 마음을 조금씩 열어 보일 것이다.

나만의 세상에서 혼자인 게 좋아 _분열성 인격장애

분열성 인격장애schizoid personality disorder와 '분열형' 인격장애는 비슷하면서도 다른 측면을 지닌 인격 형태이다.

분열성 인격장애를 가진 사람은 사회적 관계를 형성하는 데 무관심하다. 심리학적 의미에서 살펴보면 대인관계에 대한 욕구가 없고, 타인을 기피하며, 감정 표현을 거의 드러내지 않는 극도로 내성적인 사람을 일컫는다.

이런 성향의 사람은 타인의 일에 관여하지 않고 마치 세상을 혼자 살아가는 듯이 동떨어져 지낸다. 이들은 직장을 갖지 못하는 경우가 많은데, 타인과 연결되어 일하는 것을 극도로 힘들어하기 때문이다. 따라서 프리랜서나 자영업 그리고 학자 등과 같이 혼자서 오랫동안 일하는 직군에 종사하는 사례가 많다.

일부 학계의 논의에 따르면 오타쿠, 히키코모리로 불리는 사람들이 분열성 인격장애를 가진 사람과 비슷한 행태를 보인다고 한다. 사회적 고립이라는 공통점과 더불어 감정적 고립에 빠져 지낸다는 것이다. 감정의 피폐함은 표현하기를 꺼리게 만들고, 정서적으로 부정적인 영향을 끼쳐 대인관계를 더욱 단절시키는 악순환을 야기한다.

얼핏 보면 이들은 타인과의 교감이나 유대를 원치 않는 것처럼 보인다. 예를 들면 오타쿠들은 만화책과 게임, 영화, 인터넷 등만 있어도 충분히 행복해 보인다. 이들은 사회에 적응하지 못한다고 다른 사람이 자신을 비난하든, 무엇이라고 얘기하든 무관심해 보인다.

하지만 실상을 들여다보면 이들이 즐기는 만화나 유튜브도 결국 소통의 통로라는 것을 알 수 있다. 자신들만의 세계에서 통하는 기준이 엄연히 있으며 공감대도 존재한다. 어떤 만화는 인정하지만 어떤 작품은 인정하지 못한다거나, 게임 속 캐릭터에도 호불호가 뚜렷하다. 이들은 타인을 기피하지만 자신과 취향이나 사상, 정체성이 비슷한 누군가를 만나면 보통 사람들보다 훨씬 강한 유대를 보이기도 한다. 즉 친구를 만나고 싶은 욕구가 없다기보다는, 친구가 되는 데 매우 까다롭고 엄격한 기준이 존재하는 것뿐이다.

분열성 인격장애의 특징

- 항상 혼자 있는 것을 더 편하게 여긴다.
- 친구나 애인이 없다.
- 타인의 칭찬이나 비난에 관심이 없다.
- 거의 모든 활동에 무관심하다.

분열성 인격장애를 설명하다 보면 미국 드라마 〈빅뱅이론The Big Bang Theory〉의 주인공 셸던 쿠퍼가 가장 먼저 떠오른다. 물리학자인 셸던은 천재적인 지능을 가졌지만 감정적으로 미숙하고, 공감력과 사회적 지능이 떨어지는 인물이다. 그런 탓에 자신을 유혹하는 이성의 의도도 눈치채지 못하고 밤새도록 함께 기차 모형을 갖고 놀며 상대방을 허탈하게 만들곤 한다. 그는 자신의 친구가 되기 위한 규칙을 주위 사람에게 강요하고, 기준을 통과한 사람에게만 마음을 연다. 다른 사람에게는 이상한 일이지만 셸던에게는 친구를 얻기 위한 특별하고 간절한 테스트이다.

분열성 인격장애를 가진 사람은 자신의 생일이나 크리스마스 등 기념하고픈 날에 타인과 함께 축하해본 경험이 거의 없다.

그렇지만 이들은 감정이 둔화되어 있고 상실에 더욱 예민할 뿐 외로움을 피하고 싶은 마음은 똑같다. 이들이 다른 사람에게 손을 내미는 것은 정말 수백 번에 한 번 없는 용기를 쥐어짜 시도하는 것이다.

이들은 유명인이나 만화 또는 영화 주인공에 감정을 동일시하여 자신을 구현화하곤 한다. 상상 속의 자신을 악당이나 지질한 엑스트라에 투영하는 사람은 거의 없다. 자신과 동일시하는 인물의 대부분은 주인공이고 인기가 많고 잘생긴 영웅이거나 항상 사람들에게 둘러싸인 인물이다. 셸던이 성인임에도 아더왕과 기사, 히어로물, 〈스타트랙〉 같은 작품과 캐릭터에 집착하는 이유는 그의 미성숙함이나 유아적인 성격 때문이 아니라 타인과 연결되고 싶은 욕망이 반영된 심리라고 볼 수 있다.

분열성 인격 성향을 가진 사람과 어떻게 교류하고 대응해야 할지는 아래 분열형 인격장애에서 함께 살펴보기로 하자.

나는 자발적 '아싸', 평가는 넣어둬 _분열형 인격장애

분열성 인격장애와 분열형 인격장애schizotypal personality disorder는 사실 그 특징을 명확하게 구별해내기는 어렵다. 분열형 인격장애가 분열성보다 조금 더 망상적이고 자신의 세계에 더 깊이 빠져 있다고 보면 되는데, 분열형이 조금 더 병적이고 치료가 필요한 장애라고 이해하면 된다.

분열형 인격 성향은 직장이나 주변에서 발견하기는 어려운

데, 기본적으로 직장은 최소한의 사회화 능력이 있는 사람들이 모여 일하는 곳이기 때문이다. 흔히 어린 시절 학교에서 "쟤는 정말 괴상해, 완전히 사차원이야." 라는 소리를 듣던 아이들이 분열형 인격 성향의 초기 수준인 사례가 많다. 이러한 성향은 나이를 먹고 학년이 올라가는 사회화 과정을 거치면서 점차 정제되는 경우가 대부분이다. 하지만 어떤 트라우마나 사건을 계기로(왕따나 큰 질병을 앓는 경우 등) 정상적인 성장 과정에서 이탈할 경우, 성인이 되어서도 분열형 인격 성향이 유지될 위험성이 있다.

성인이 되어서도 우리는 이른바 '마술적 사고'를 할 때가 있다. 대표적인 예가 돼지꿈을 꾸면 복권에 당첨된다는 식의 꿈의 해석이다. 실제로 돼지꿈과 복권 당첨 사이에는 그 어떤 인과관계나 통계적인 유의미도 없다. 운동선수가 경기에 승리할 때까지 수염을 깎지 않는다거나, 검은 고양이를 보면 재수가 없다는 식의 미신에 과도하게 집착하는 것도 마찬가지이다.

이런 사고를 평범히 넘기지 않고 계속 당위성을 부여하다 보면 습관이 되고, 이는 '관계 사고ideas of reference'를 형성한다. 관계 사고란 연관성이 전혀 없는 사건을 억지로 연결시켜 생각하는 것을 말한다. 지나가는 사람이 수군거리는 것을 보고 내 욕을 하는 게 아닐까 걱정한다거나, 친구들이 모여 있으면 나에 대한 뒷담화를 한다고 걱정하는 식의 사고가 여기에 해당한다. 관계 사고의 빈도가 잦아지고 강도가 더 심해지면, 이는 망상이 된다. 즉 분열형 인격 성향이 심각해진 단계에 이르면 조현병으로 발전될 수도 있다.

분열형 인격 성향을 가진 사람은 사회적으로 위축되어 있고, 요즘 말로 '아싸(아웃사이더의 줄임말)'의 삶을 산다. 이들을 이해하기 위한 시작은 분열이라는 의미가 자아와 본능 간 통합의 실패, 즉 자신의 정체성이 희미해져 타인과의 관계에 어려움이 생긴다는 것을 깨닫는 것이다. 이들은 관계를 갈망하지만 유년기나 그 이전에 어머니로부터 무엇인가를 받지 못했기에, 성장한 후 타인에게서 애정을 얻는 것을 포기해버리는 성향이 있다. 나는 사랑받지 못할 것이라는 잘못된 확신 때문에 혼자 고립되기를 결정하는 것이다.

이런 성향을 이해하기 위한 연구로 영국의 대상관계 이론 학자들은 영아기의 기본적 믿음과 기본적 결함이라는 개념을 제시했다. 대상관계 이론의 선구자 격인 로널드 페어베언W. Ronald D. Fairbairn은 분열성 및 분열형 인격을 가진 이들이 타인과의 관계 형성을 바라는 마음과 자신의 빈곤함이 타인을 결국 해치게 될 것이라는 두려움으로 인해 자신을 고립시키는 쪽으로 도피한다고 설명한다. '나의 욕망이 상대방을 실망시킬 거야. 그러면 결국 그 사람은 나를 미워하고 버릴 거야' 라는 생각이 유기 불안을 낳고 애초에 혼자가 되는 것을 선택하게 된다는 것이다. 타인이 주는 위협과 공허감에 대한 불안이 두려운 나머지 이들은 스스로를 격리시키는 방어기제를 선택한다는 뜻이다.

하지만 이들의 방어기제인 회피와 격리가 전적으로 부정적인 것은 아니다. 그로부터 배울 점도 있다. 정신분석학자인 도널드 위니콧Donald Winnicott은 이들이 자신을 고립시키는 만큼 '참 자기true self'를 확실히 지키려고 애쓴다는 점을 지적한다. 자신이 주위 사람들 때문에 눈치 보고 웃어야 하는 인위적인 대인관계를 위해 만들어낸 '거짓 자기false self'에 집착할 필요가 없다는 것이다. 위니콧은 건강한 발달을 위해서는 중간 단계를 거쳐야 하는데, 우리는 이 단계에서 자신을 만족시켜 줄 대상이나 그렇지 못한 사람을 판별하게 된다고 설명한다. 그리고 이 과정에서 적절하게 '거절'할 수 있는 것이야말로 자신에게 가장 중요한 경험이라고 보았다. 모든 사람과 의사소통할 필요는 없다는 것이다.

이런 의미에서 보면 나의 참 자기를 잃으면서까지 직장 내 인간관계에 집착하며 일요일에도 상사의 전화를 받고 새벽부터 등산화를 챙기는 우리는 여전히 불안하고 미성숙한 존재가 아닐까.

분열형 인격장애의 특징

- 기묘한 믿음이나 미신, 텔레파시, 육감, 환상에 집착한다.
- 관계 사고와 망상적 사고에 빠져 있다.
- 일상적이지 않은 지각이나 신체적인 경험을 자주 한다.
- 기이한 옷차림이나 상식에서 벗어난 언행을 일삼는다.

그렇다면 분열성 및 분열형 인격 성향의 사람과 잘 지내려면 어떻게 해야 할까?

첫째, 평가하고 해석하지 않는다. 이들은 자신의 기준과 영역에 대한 훈수를 원하지 않는다. "그 나이 먹고 왜 만화책을 아직까지 보는 거야?", "게임은 시간 낭비 아니야?" 같은 말을 한다면 영원히 이들과는 친해지기 어렵다. 이들에게 필요한 것은 인내심이라기보다는 공감적 수용이다. 이들을 이해하기가 너무 어렵다면 차라리 침묵하는 것이 낫다. 그러면 최소한 적이 되지는 않는다.

둘째, 말보다는 행동으로 다가간다. 사회적, 정서적으로 위축되어 있는 사람들은 대화를 두려워하는 성향이 있다. 타인의 말에 적절한 반응을 나타내는 것도 이들에게는 어려운 일이다. '제대로 대화를 이어나가지 못하면 어쩌지' 하는 두려움이 있기 때문이다. 따라서 즉각적인 답변이 필요한 대화보다는 다른 의사소통 방법을 시도함으로써 이들의 긴장을 줄여줄 수 있다. 메일처럼 글로 써서 소통한다거나, 작은 선물이나 간식을 주며 간접적인 의사 전달을 하는 것도 좋다. 이들의 말과 행동에 긍정적인 제스처를 자주 보여주고 엄지손가락을 들어 보이면, 이들은 당신을 오래도록 잊지 않고 기억할 것이다.

셋째, 이들의 세계에 조금이라도 들어가 보자. 친해지고 싶다고 이들을 섣불리 회식에 데려간다거나 다른 사람과의 모임에 참석을 권유하는 것은 역효과를 낳는다. 이들과 교류하려면 반대로 내가 그 사람의 세계에 들어가야 한다. 우선 이들이 좋아하는 게임, 만화, 영화 등의 일부분이나 예고편이라도 관심을 가지고 교집합을 찾아보자. 당신이 그런 시도를 하는 것만으로도 이들에게 1차 심사는 이미 통과한 것이다.

극단적인 자기중심에
빠진 사람들

B군 인격장애

B군 인격장애는 '반사회적 인격장애, 자기애적 인격장애, 연극성 인격장애, 경계성 인격장애' 네 가지로 분류된다.

B군 인격 성향을 가진 사람은 기본적으로 A군 성향을 가진 사람과 큰 차이가 있다. A군을 한마디로 외로운 아웃사이더, 외톨이라고 표현할 수 있다면, B군은 '인싸(인사이더의 줄임말)'가 되고 싶어 애쓰는 사람들이기 때문이다. B군 인격 성향을 가진 사람들의 시선은 언제나 나보다 타인을 향해 있다. 타인의 시선과 평가로 자신의 모습을 점수 매긴다. 이들은 자존감이 낮고 외적인 것에 집착한다.

이들은 항상 다른 사람을 필요로 한다. 반사회적 인격 성향의 사람은 자신의 목적과 이익을 위해 이용할 수 있는 타인이 필요하고, 자기애적 인격 성향과 연극성 인격 성향은 관심과 인정을 받으려 대인관계를 맺는다. 경계성 인격 성향은 내가 버림받을지도 모른다는 근원적 유기 불안으로부터 벗어나기 위해 의존적 관계를 갈구한다.

'사이코'라서 괜찮지 않아 _반사회적 인격장애

반사회적 인격장애antisocial personality disorder에 속하는 대표적인 예로는 '사이코패스'와 '소시오패스'가 있다.

드라마 〈싸이코지만 괜찮아〉에 나오는 고문영은 동화작가지만 아이들의 마음에 공감하려는 의지가 전혀 없는 인물이다. 거리낌 없이 동심을 파괴하고, 욕을 사정없이 내뱉고, 심지어 자폐장애를 가진 문상태와 치고받고 싸우기까지 한다. 고문영은 남의 눈치를 보지 않고, 사회규범에 대해서도 신경 쓰지 않는다. 금연구역에서 담배를 피우다 걸리자 다른 사람이 마시는 커피잔에 담배를 넣어버리고, 자신이 휘두른 칼에 문강태가 손을 베여 피를 흘려도 그가 괜히 끼어든 탓에 다쳤다며 사과조차 하지 않는다. 자신이 참아야 하는 이유나 뒷일에 대해 전혀 고려하지 않고, 자신이 잘못했을 가능성에 대해서 1도 염두에 두지 않는다. 그저 거침없이 본인이 하고 싶은 대로 한다.

사실 이 정도의 극단적인 증상까지는 아니어도 우리 주변에는 반사회적 성향이 의심될 만큼 양심이나 죄책감이 없는 사람들을 어렵지 않게 찾아볼 수 있다. 이들의 공통점은 공감 능력이 없고 공감할 의지도 전혀 없으며, 지극히 자기중심적이라는 것이다. 다음의 사례는 이들의 성향을 잘 나타내준다.

대기업의 홍보부서 책임자인 박 과장은 홍보 예산으로 책정된 예산 중 3억 원을 횡령하여 자녀의 유학비와 자신의 유흥비, 주식투자금으로 사용했다. 몇 개월 뒤, 회사 감사팀에서 이를 추적하자 박 과장은 아무 죄책감 없이 모든 것을 대리 두 명에게 덮어씌우고 자신은 아무것도 모른다며 잡아뗐다.

박 과장이 시키는 대로 사인만 했던 순진한 대리 두 명은 엉겁결에 책임을 질 수밖에 없는 처지에 놓였다. 이들 중 한 명은 지방의 생산지원부서로 좌천되었고, 나머지 한 명은 권고사직을 당했다. 그런데 박 과장은 고작 3개월 감봉 처분을 받는 데 그쳤다.

더 놀라운 점은 이 모든 사실을 박 과장 본인이 술자리에서 동료들에게 자랑스럽게 떠들어뎄다는 것이다. 이 소식을 전해 들은 대리 중 한 명은 억울함에 화병이 나서 정신과를 찾았는데, 하필 그 병원 대기실에서 박 과장과 마주쳤다.

박 과장은 미안한 기색 하나 없이 그를 보고는 반갑게 인사하며 "감봉 받은 김에 차라리 휴직계를 쓰려고 정신과 진단서를 떼러 왔어." 라며 말을 건넸다. 심지어 그에게 "언제 술이나 한 잔하세. 회사 나가더니 얼굴이 더 좋아졌어." 라며 너스레를 떨기까지 했다. 박 과장의 뻔뻔함에 황당하고 소름이 끼친 그는 결국 도망치듯 병원을 다른 곳으로 옮겨야 했다.

이렇듯 반사회적 인격 성향을 가진 사람과는 의미 있는 대화는 물론 싸움조차 성립이 되지를 않는다. 이들은 자신의 행동이 잘못되었다는 생각을 전혀 하지 못하며, 그로 인해 남이 큰 피해를 입었다고 해도 그 사실에 관심이 없다. 이들의 관심사는 오로지 자신뿐이다.

다른 예로 비 오는 날 옆 사람의 우산을 아무렇지 않게 훔쳐 간다든지, 술 마신 다음 날 출근하기 싫어서 할머니가 돌아가셨다고 둘러대는 이들도 반사회적 성향이 있다고 볼 수 있다. 보통 사람들과 달리 이들은 아무런 죄책감 없이 거짓말을 하는데, 이들에게 신경 쓰이는 것은 양심에 거슬리는 감정이 아니라 자신의 거짓말이 들키느냐, 들키지 않느냐 하는 것이다. 반사회적 성향의 사람들에게 "어머니가 돌아가셨다는 거짓말을 한 적이 있나요?"라고 물으면, 이들로부터 생명에 대한 윤리적인 답변을 듣기는 어렵다. 이들은 너무나 태연하게 "어머니 장례식에는 직장에서 조문객이 올 테니 거짓말을 들킬 가능성이 높으니까요."라는 식으로 대답한다.

조금 극단적인 예이기는 하지만 반사회적 성향을 잘 보여주는 일화 하나를 소개해볼까 한다. 신촌 세브란스병원 응급실에서 인턴 근무를 했던 때의 일이다.

당시 나는 과일을 깎다 손가락을 베어서 온 30대 남자와 응급실 입구에서 면담을 하고 있었다. 그에 관해 초진 기록을 작성하고 있을 때, 앰뷸런스 소리가 크게 울리며 온몸이 피투성이가 된 교통사고 중증 환자가 들어왔다. 나도 모르게 교통사고 환자에게 뛰어갔는데, 갑자기 그 30대 남자가 "나를 두고 어디를 가는 거야!" 라며 소리를 지르기 시작했다. "저 교통사고 환자가 위급해 보이니 먼저 치료하고 바로 오겠습니다." 라며 사정을 얘기했지만, "그게 나랑 무슨 상관이야! 순서대로 환자를 봐야 될 것 아니야!" 라며 악을 쓰고 큰 소란을 피웠다.

이런 성향의 사람은 자신이 우주의 중심이며 유일무이한 소중한 존재이기에 타인의 아픔과 상처 등은 전혀 관심이 없다. 영화나 드라마에서 묘사되는 사이코패스나 소시오패스는 세상에 무서울 것도 아쉬울 것도 없어 보이는 막가파 인물처럼 보이지만, 실제로 반사회적 성향을 가진 사람들은 그렇지 않다. 이들은 자신의 이익이나 손해에 무척이나 민감하다. 아주 사소한 것에도 복수심을 가지며, 한 번 적개심을 품으면 매우 집요하게 행동한다. 무차별적으로 공격하거나 미워하는 것이 아니라 자신만의 명확한 이유가 존재한다. 특히 자신보다 약하고 쉽게 이용할 수 있는 대상을 교묘하게 선택한다.

사이코패스와 소시오패스는 성향이 비슷해서 그 의미를 혼동하여 이해하는 경향이 있는데 각기 다른 특징이 있다. 사이코패스는 실제 공식적인 진단명은 아니고, 프랑스의 정신과 의사 필립 피넬Philippe Pinel이 1801년에 처음 사용한 용어이다. 그는 정신이 혼미하지만 의식이 있는 상태에서 광기를 보이며, 인지능력이 있음에도 사회 통념에 벗어나는 행위를 하는 사람을 '사이코패스psychopath'라고 지칭했다. 하지만 필립 피넬이 생각한 사이코패스의 의미는 현재의 개념과는 조금 다르다. 그는 당시에 조현병이나 조기 치매가 아니면서도 무척 이질적인 행동을 보이는 대상군, 즉 쉽게 이해할 수 없고 감별 진단하기 어려운 대상군을 범주화하기 위해 이런 지칭을 했다고 파악된다.

사이코패스의 개념이 현재와 조금 더 비슷해진 것은 독일의 정신병리학자 쿠르트 슈나이더Kurt Schneider의 정의부터이다. 1923년에 슈나이더는 그의 저서 《임상정신병리학Klinische Psychopathologie》에서 사이코패스에 대해 "그들은 방탕한 생활을 하기도 하지만 사회적으로 성공을 거두기도 하는데, 비윤리적인 행위를 서슴지 않으며 사람들을 조종하는 데 능하기 때문이다."라고 언급했다.

사이코패스에 대한 모호한 개념들은 미국의 정신과 의사 허비 클렉클리Hervey Cleckley에 의해 좀 더 체계적으로 분석되었다. 1941년에 출간된 그의 저서 《정상인의 가면The Mask of Sanity》은 최초로 사이코패스의 특징을 통합하여 정리한 문헌으로 알려져 있다.

클렉클리는 사이코패스가 범죄자에 국한되지 않고 멀쩡한 직업을 가진 정상으로 보이는 사람들 중에서도 발견될 수 있다고 밝혔다. 또한 그는 이기적이고 교묘하게 사람을 조종하는 행위 역시 사이코패스에 해당될 수 있다는 주장을 하여 학계에 반향을 불러일으켰다. 이후 정신 질환을 진단하는 국제적 가이드라인인 《DSM(Diagnostic and Statistical Manual of Mental Disorders, 정신 질환의 진단 및 통계 편람)》이 출판되고 계속적으로 개정되면서 사이코패스의 개념에 대한 논의가 이어져 왔다.

여전히 사이코패스, 소시오패스와 같이 반사회적 인격장애가 정확히 어떤 기준으로 구별되느냐에 대해서는 논쟁의 여지가 있다. 그럼에도 차이점을 설명해보자면 소시오패스는 반사회적 인격장애의 범주에 해당되지만 선악이나 범죄에 대한 인지를 어느 정도는 한다는 점에서 사이코패스와 구별된다고 할 수 있다. 인간으로서 최소한의 양심은 있다는 것이며, 행동의 심각성도 사이코패스보다는 덜한 편이다.

희대의 연쇄살인범 찰스 맨슨이나 테드 번디 같이 죄책감 없는 범죄자들을 칭하는 개념은 사이코패스로 구분하는 것이 적절하고, 슈나이더와 클렉클리가 주장한 "일반인이지만 타인을 교묘하게 조종하고 착취하는 사람"은 소시오패스에 더 가깝다고 본다. 우리나라 영화를 예로 들자면 〈추적자〉에서 하정우가 연기한 연쇄살인범 지영민이 사이코패스이고, 〈내부자들〉에 나오는 비리 정치인이나 갑질하는 재벌은 소시오패스라고 할 수 있겠다. 어찌 보면 사이코패스란 개념 자체가 소시오패스의 개념을 포함하고 있는 부분이 많기에, 이를 구별하는 것에 큰 의미를 두지 않아도 될 법하다.

그리고 극단적인 이런 부류의 인격장애를 제외하고, 정도가 경미한 초기 단계의 반사회성을 보이는 사람은 반사회적 인격 성향이라고 생각하면 된다.

반사회적 인격장애의 특징

- 사회규범 및 도덕적 기준에 관심이 없고, 죄책감을 느끼지 못한다.

- 자신의 이익을 위해 상습적으로 거짓말을 한다.
- 충동적이고 즉흥적이며 공격적이다.
- 남에게 해를 끼치고도 양심에 거리낌이 없으며 그 이유를 합리화한다.

이렇듯 타인의 고통에 공감하지 않는 반사회적 인격 성향을 가진 사람과 잘 지낼 수 있을까?

자기 일을 아무렇지 않게 떠넘기거나, 다른 사람의 아이디어를 뻔뻔하게 가로채고, 심지어 언어폭력과 성희롱, 횡령까지 서슴없이 행하는 사람들 말이다. 어떤 사람들은 큰 성공을 원하거나, 큰 조직을 이끌어 나가려면 반사회적 성향도 약간은 필요하다고 말한다. 기업이나 조직의 특성상 완벽하게 도덕적 규율 안에서 경영할 수만은 없다고 한다. 어떤 경우는 원칙을 고집하기보다는 융통성 있게 처리해야 하고, 관례상 눈감아주는 부분도 있어야 한다고 얘기한다.

틀린 말은 아니다. 하지만 사회 통념상 용인할 수 있는 선이라는 것이 존재하고, 기업은 임직원이 지켜야 할 기업 윤리가 있다. 사회의 일원으로서 서로 지켜야 할 덕목이 있다. 그러나 반사회적 인격 성향을 가진 사람은 모든 기준이나 가치를 자신의 이익과 안위, 욕망에 따라 맞춘다. 다른 사람의 상식에 구애받지 않고 지켜야 하는 선을 너무 쉽게 넘어버린다.

결론적으로 얘기하자면, 이런 성향의 사람과 잘 지낼 수 있는 방법은 없다. 가깝게 지내다가는 오히려 큰 곤경에 빠질 수 있다. 공감 능력과 양심이 없는 이들은 언젠가는 반드시 법적, 사회적 물의를 일으킨다. 교묘하게 감춘다고 해도 결국 이들의 본모습이 드러날 테고, 그 사람과 관여된 만큼 곤란한 상황에 처하게 될 것이다. 문제는 반사회적 인격 성향을 가진 사람이 상사이거나 심지어 회사 사장이어서 직원에게 부도덕하고 불합리한 일을 강요하는 경우다. 실제 이와 관련된 사례는 부지기수로 많다.

쉽지 않겠지만 최대한 이들과 엮이는 것을 피해야 한다. 이들에게 찍힐까 봐, 괴롭힘을 당할까 봐, 잘릴까 봐 이들과의 관계를 끊지 못하고 함께해서는 안 된다. 이들은 취약하고 예민하고 자아가 약한 사람들을 착취의 대상으로 택해 은밀히 다가온다.

따라서 이들을 대할 때 중요한 것은 원칙과 단호함이다. 자신은 절대 그런 불합리함에 넘어가지 않겠다, 눈감아주거나 함께하는 일이 없을 것임을 강하게 표현해야 한다. 그로 인해 불이익을 받는 일도 생길 수 있겠지만 자신이 반사회적 성향인 사람과 한 무리에 엮여 차후에 감당할 후폭풍이나 짊어져야 할 책임에 비하면 비교조차 안 될 작은 일임을 명심해야 한다.

내가 제일 잘난 나르시시스트 _자기애적 인격장애

B군 인격장애 중에서, 아니 전체 인격장애를 통틀어 우리가 주변에서 가장 쉽게 찾아볼 수 있는 유형이 자기애적 인격장애narcissistic personality disorder이다. 자기애적 나르시시스트라고 표현되는 이들은 다른 인격 성향군에 비해 차지하는 비율이 높고, 눈에 띄는

것을 좋아해서 주목받으려 애쓰기 때문에 알아보기 쉽다.

나르시시스트를 한마디로 말하자면 '잘난 척쟁이'라고 할 수 있다. 이들은 항상 말이 많고 과장된 표현을 좋아하며, 어떤 일에 대해 확대 재생산하거나 극적으로 말하는 것을 좋아한다.

그렇지만 우리나라처럼 경쟁이 심해 비교당하기 쉽고, 자존감을 지키기가 취약한 곳에서 어느 정도의 자기애는 살아가는 데 꼭 필요하다고 본다.

중요한 것은 건강한 자기애가 병적인 자기애로 바뀌는 시점을 알아채는 것이다. 자기애가 심해지면 자아도취에 빠져 자신을 있는 그대로 받아들이지 못하고 과대망상에 사로잡힌다. 그래서 다른 사람이 자신을 조금만 홀대하거나 무시할 경우 이를 심각한 도전으로 받아들이고 분노하게 된다.

자기애적 성향과 관련한 흥미로운 예를 하나 살펴보자. 2016년 겨울에 드라마 〈도깨비〉가 크게 인기를 끌었을 때, 당시 만 37세인 배우 공유(김신 역)가 고등학생 역으로 나온 김고은(지은탁 역)과 연인으로 등장하는 설정으로 인해 문제가 된 적이 있었다. 드라마에서 나이 차가 많이 나는 남녀가 연인이 되는 것은 처음이 아니었으나, 이 드라마가 신드롬을 일으키고 문화적 파급력이 컸기에 이 같은 설정이 더욱 논란이 되었다. 대중에게 특히 청소년에게 잘못된 성 인식을 심어줄 수 있다는 주장이 제기되기도 했다. 나이 많은 남성이 어린 여성과 사귀는 것을 판타지처럼 구현함으로써 그런 욕망을 좇게 할 수 있다는 뜻이다. 당시 40대 남성 중에 "나 공유 닮지 않았어?", "공유보다는 내가 낫지 않아?" 라고 말하며, 자신과 공유를 동일시하는 남성들이 적지 않았다. 사실이다!(몇몇 조사에서 밝혀진 바 있듯이 남성들은 대개 자신의 외모에 관대한 편이다. 심지어 자신이 제법 매력적인 외모를 가졌다고 생각하기도 한다) 지나친 자기애와 자기 긍정이 자기 착오를 일으킨 웃지 못할 사례가 아닌가 싶다.

또한 자기애적 인격 성향을 가진 사람은 자신의 능력을 지나치게 높이 평가한다. 딱히 이룬 것이 없음에도 불구하고 자신이 다른 사람과 수준이 다르며, 언젠가 큰 인물이 될 것이라고 생각한다. 이들의 우월한 자기 인식은 누군가를 좋아할 때도 접근 방식이 남다르다. 예를 들면 학교 또는 직장에서 가장 주목받고 매력적인 사람에게 당당히 다가가 '한 번도 먼저 고백한 적이 없는데, 내가 특별히 너에게 표현하는 거야', '내가 취업 준비로 정신이 없는데도, 너니까 내가 고백을 한다' 하는 식이다.

정작 상대방은 당사자에게 관심이 없고 매력을 느끼지 못하는데도, '특별한 내가 너에게 관심을 주니 고맙지?' 라는 태도로 상대방을 대한다. 이들은 자신이 너무 소중해서 애초에 거절받는 상황은 생각조차 하지 않는다.

만약 이들이 애써 고백까지 해주었는데 상대방이 자신을 거절할 경우, 이들은 그 사실을 쉽게 인정하지 않는다. 자존감과 소중한 자신의 정체성이 위협받는 것을 용납할 수 없기에 다른 이유를 찾는다.

'내가 좋은데 사내 연애를 하는 게 눈치가 보여서 거절한 것이겠지', '사실 좋으면서 튕겨본 걸 거야' 라는 생각을 하며 상대방의 거절을 수용하지 않는다. 그래서 여러 번 고백을 시도하는데, 결국 상대방이 불쾌함을 표시하고 강하게 거부하고 나서야 비로소 상대가 자신을 마음에 안 들어 한다는 것을 인지한다.

하지만 이들의 자기애는 여기서 멈추지 않는다. 무너지는 자존감을 억지로 붙잡아 일으켜 새로운 가설을 세우고 합리화한다. 상대방이 대단한 자신에 대해서 잘 모르기 때문에 거절했다고 생각하고, 또다시 자신을 내세우며 고백한다.

이러한 노력에도 상대방이 자신을 받아들이지 않으면, 그때는 자신의 상처받은 자존감에 대한 분노를 한꺼번에 표출한다. '네가 감히 나를 거부해? 나를 무시해?' 라는 식으로 공격적으로 돌변한다. 그러고 나서 종국에는 '저 사람과는 사귀었어도 오래 만나지 못했을 거야', '알고 보니 성격이 안 좋네' 하는 식으로 합리화 과정을 거치며 자신을 위로한다. 이러한 수준의 자기애는 상대에게 불쾌감을 주고 민폐를 끼친다.

자기애적 성향만 있으면 여기서 그치겠지만, 경계성 인격 성향도 일부 가진 사람이라면 위 사례에서 더 나아가 상대방을 비난하고 깎아내릴 수 있다. 자신이 받은 상처 이상으로 보복을 통해 회복하려는 것이다. 이를테면 자신의 구애를 거절한 상대방이 알고 보니 문란한 사람이었다거나, 몇 번 만나니 매력이 없다거나, 성격이 이상하다라는 식의 소문을 내는 것이다. 이 정도가 되면 폐를 끼치는 것을 넘어 폭력에 가깝다. 자신이 사귀지 못한다면 누구도 사귈 수 없다는 식의 왜곡된 분노가 투사되는 것이다.

경계성 인격 성향을 가진 사람은 감정의 기복이 심해 생각이 매우 불안정하고, 잘못된 행동을 하면서도 죄책감을 갖지 않는다. 공감 능력이 없기 때문이다.

이러한 자기애적 인격장애는 두 가지 유형으로 구분할 수 있는데, 하나는 '무감각형 자기애'이고, 다른 하나는 '과민형 자기애'이다. 아래 두 명의 사례는 공통적으로 자기애적 성향을 갖고 있지만 각각 구별되는 다른 특징을 보인다.

S은행의 김 과장은 잘난 척하고 말투가 거칠기로 유명하다. 평소에도 "내가 신입사원 때는 말이야, 하루에 연금성 보험을 100개씩 팔았어!" 라며 허세를 부린다. 회식 때는 처음부터 끝까지 왕년에 자신이 인기가 많았다, 여자들을 꽤나 울렸다, 모델 제의도 받았다며 근거 없는 자랑을 늘어놓는다. 모든 순간에 자신이 화제의 주인공이 되어야 만족한다. 또 부하직원들이 다른 부서의 과장이나 젊은 대리에게 호감을 보이기라도 하면 바로 험담하며 깎아내린다.

사실 모든 부하직원이 김 과장을 '꼰대', '관종'이라며 비웃는데, 정작 그는 눈치가 없어서 이런 일을 까맣게 모른다. 그는 '사람들이 설마 나를 싫어할 리가 있겠어?' 라고 생각한다.

김 과장은 전형적인 무감각형 자기애 특징을 나타낸다. 내가 다른 사람에게 어떻게 비치는지 관심이 없다. 회식이나 뒤풀이 자리에서의 행동을 보면 이들의 성향이 잘 나타난다. 이들은 많은 사람을 내려다보듯, 연설하듯 말하기를 좋아하고, 권위적인 화법을 자주 사용한다. 때로 부하직원들이 지루해하고 대화하기를 꺼리는 듯한 신호를 보여도 아랑곳하지 않는다. 오직 내 기분만이 중요하기 때문이다. 이들은 남이 자신의 얘기를 끊거나 끼어드는 것을 허용하지 않는다.

> 10년 차 구청 공무원인 이 계장은 다른 사람의 반응에 무척 민감하다. 상사나 부하직원들의 말투 및 표정 하나에도 촉각을 곤두세운다. 타인에 대한 관심이 많아서가 아니라, 그들이 자신에 대해 어떻게 평가하는지 너무 궁금하기 때문이다.
> 이 계장은 어떤 일의 주연보다는 조연을 자처하고 앞에 나서기 싫어한다. 그렇다고 이 계장이 소심하거나 내성적인 것은 아니다. 그는 자신의 그런 태도가 더 현명하고 유리하다고 생각한다. 이 계장은 자신이 먼저 말하기보다는 다른 사람의 말을 듣는 편이다. 그는 어렸을 때부터 반장이나 회장, 대표보다는 부장, 총무 등의 역할을 맡았는데, 실질적으로는 자신이 중심이고 실력자라고 생각한다.

이 계장은 과민형 자기애 특징을 뚜렷하게 보인다. 이러한 인격 성향은 부끄러움을 많이 타고 스스로를 억제하며, 자신의 마음을 이야기하기를 꺼린다. 앞에 나섰다가 실수하고 비난받을까 두렵기 때문이다. 그렇지만 이들의 내면에는 마찬가지로 인정받고, 관심받고 싶어 하는 비밀스러운 욕망이 존재한다. 다만 실패했을 때의 불안감과 수치스러움이 너무 두렵기에 억누르고 있는 것뿐이다.

위 두 가지 사례는 자존심을 유지하기 위해 자기애적 성향의 사람들이 어떻게 대응하는지를 잘 보여준다. 무감각형 자기애 성향인 김 과장은 타인에게 자신의 잘난 점을 과하게 내세워 상대방이 자신의 능력을 의심하려는 시도를 애초에 차단함으로써 자기애적 손상으로부터 보호하고자 한다. 과민형 자기애 성향인 이 계장은 자신이 시험대에 오를 만한 위험을 피하고, 상대방의 눈치를 보고 반응에 적응함으로써 자존심을 유지하려고 애쓴다. 한마디로 김 과장 같은 사람은 명백한 나르시시스트, 이 계장 같은 사람은 은밀한 나르시시스트라고 표현할 수 있다.

이와 같은 자기애적 인격장애를 대표하는 인물로는 카사노바와 돈 후안을 꼽을 수 있다. 이들은 화려한 언변으로 좌중의 이목을 끌고, 여성 편력이 심하기로 이름이 높았다. 두 사람은 자신의 외모와 사회적 지위에 열등감이 있었는데, 고상하고 아름다운 귀부인들이 남편이 있음에도 불구하고 자신들에게 매달려 구애하거나, 자신의 요구대로 행동하는 것에 쾌감을 느꼈다. 하지만 이들이 피상적으로 느끼는 쾌감과 달리, 내적으로는 깊은 공허감에 괴로워했으며 심각한 우울증에 시달리기까지 했다. 이러한 공허감을 충족하기 위해 이들이 택한 방법은 또다시 타인에게 새로운 칭찬과 관심을 받으려고 애쓰는 것이었다.

심리학자 하인즈 코헛Heinz Kohut은 이 증상을 발달단계의 문제로 해석한다. 그중에서도 부모와의 공감 실패가 이런 문제를 야기한 원인이라고 주장한다. 자기애적 인격 성향인 사람은 부모에게 끊임없이 칭찬받고 관심받고자 하는 소아 단계에 고착되어 있을 가능성이 있다는 것이다.

자기애적 인격 성향의 모든 부분을 어린 시절의 경험이나 발달 과정에서의 미숙함으로 설명할 수는 없다. 그러나 부모의 적절한 반응과 교육, 감정적 대응의 결여로 인해 카사노바 같은 바람둥이들이 타인과의 관계에서 일방적인 감정적 전이를 보이는 것은 설득력이 있다. 자신이 여성들에게 숱한 상처를 주면서도 미안함을 느끼지 않고, 오히려 한순간이나마 자신이 상대를 진심으로 사랑해주었으니 그녀들도 행복했을 것이라고 생각한다. 이들은 자신이 떠나간 후 오랫동안 괴로운 시간을 보내야 할 상대방의 삶에 대한 책임감을 전혀 느끼지 못한다. 이들은 대개 자신의 대인관계가 문제가 있음에도 이를 인지하지 못한다.

사실 대인관계 자체가 자기애적 필요에 의해 형성된 것이라고 볼 수 있다. 우리는 모두 어느 정도의 나르시시즘을 본능적으로 가지고 있다는 뜻이다. 원시적인 사회에서도 물물교환이 가능했던 것은 이타심이라기보다는 내가 필요한 것을 충족하고픈 욕구가 밑바탕에 깔려 있기 때문일 것이다. 코헛 역시 인간은 살아가면서 주변 사람들로부터 자신에 대한 반응이 어떠한지를 확인하는 과정이 필요하다고 말했다. 이는 다른 관점에서 보면 인간은 타인을 개별적인 인격체로 본다기보다, 자기를 충족시키기 위한 자원 또는 원천으로 본다고 해석할 수 있다. 보통 사람들은 대개 이런 욕구를 들키지 않으면서 타인 관계를 원만하게 조율해 나간다. 반면에 자기애적 성향을 가진 사람은 노골적으로 이런 욕구를 표현하고, 과장된 언행을 하는 데 주저함이 없다.

그렇다고 자기애적 성향이 미성숙하고 부정적인 면만 있는 것은 아니다. 기본적으로 이상화된 자기상을 가지고 있는 사람들은 자신의 취약한 점을 타인에게 투사하는 경향이 있다. 남 탓을 한다는 것인데, 이는 미성숙한 방어기제이기는 해도 이들이 상대적으로 높은 자아 기능을 가지고 있다는 의미이기도 하다.

이들은 의식적으로 자신에 대한 한결같은 믿음이 있고(왜곡된 믿음이기는 하다) 매우 일관된 모습을 보인다. '나는 너무 소중하다', '나는 사랑받아 마땅하다', '나는 성공할 거야' 라는 식의 자기 암시가 이들을 우울증으로부터 보호해준다. 무의식적인 불안과 자신의 진정한 내적 열등감을 마주할 때는 이런 가짜 자존감이 무너져 버리겠지만(현실원칙과 마주했을 때의 '자기애적 손상'이라고 한다. 요즘 유행하는 말로는 '현타가 온다' 라고도 표현할 수 있겠다), 적어도 그전까지는 자존감을 유지할 수 있다. 어떤 일이 잘못되었을 때 자기 탓을 심하게 하는 사람보다 남 탓을 해버리는 사람이 적어도 우울감을 덜 느끼는 것은 사실이다.

자기애적 인격 성향의 이런 특징은 상대방에게 묘한 안정감을 준다. 그리고 다른 인격 성향 집단과 비교했을 때 상대적으로 딱히 비호감인 집단도 아니다. '저 사람은 잘난 척하고 허세를 떨긴 하지만 그래도 한결같아. 나쁜 사람도 아니고 말이야' 하며 의

외로 주위 사람들이 크게 미워하지 않는다. 그것은 나르시시스트가 예측 가능한 유형의 사람들이기 때문이다. 칭찬과 관심을 주고 이들의 과장된 말을 저지하지만 않으면, 이들은 크게 문제를 일으키거나 상대방을 미워하지 않는다. 남을 미워할 시간과 에너지를 쓰는 게 아깝기 때문이다. 이들은 그 노력을 온전히 '소중한 자신'을 위해서 쓴다.

분야에 따라 다르겠지만 나르시시스트는 자신의 장점을 극대화할 만한 위치나 직업만 잘 찾는다면 크게 성공할 수 있다. 대표적인 예로 연예인 같은 직업이 그렇다. 물론 연예인들의 상담 사례를 생각해보면, 그들 모두가 나르시시스트도 아니고 자신의 직업에 모두 만족하는 것은 아니다. 또 얼마나 성공했는지 여부가 그들의 삶의 질과 유의미한 상관관계가 있는 것도 아니다.

하지만 연예인으로서 성공하고 자신의 삶에 만족하는 이들은 대부분 자기애적 성향을 가진 사람들이었다. 연예인은 대중의 관심을 공기처럼 생각하면서도, 때로는 대중의 관심에 초연해야 한다. 악플과 안티들의 반응에 일일이 반응하고 힘들어하면 가수나 배우 생활을 오래 견디지 못할 수밖에 없다. 즉 이기적이지는 않되 자기중심적이고, 누구보다 자신을 가장 사랑하는 사람이 연예인으로서 오래 행복하게 활동할 수 있다.

자기애적 인격장애의 특징

- 자신이 아주 중요한 사람이라고 생각한다.
- 성공과 권력, 아름다움, 비현실적인 사랑에 집착한다.

- 거만하고 잘난 척하며, 지나친 존경을 주변에 요구한다.
- 타인이 자신을 질투하고 있다고 믿는다.

이렇듯 자기애적 인격 성향을 가진 사람과 잘 지내려면 어떻게 해야 할까? 직장의 부하직원이 나르시시스트라면 크게 관여하지 않고 넘어가 주면 되지만, 상사일 경우에는 적절히 맞춰주는 방법도 필요할 것이다. 실제 어떤 일이 지지부진할 때 자기애적 성향의 사람은 분위기를 쇄신하고 모임을 주도적으로 이끄는 데 긍정적인 역할을 하기도 한다. 이들과의 관계에서 유의할 점은 다음과 같다.

첫째, 사실에 직면시키는 언행을 삼가자. 자기애적 성향의 사람은 누구보다 타인의 공감을 원한다(반사회적 인격 성향과 가장 큰 차이점이다). 예를 들면 상사가 허세를 부리며 말하는 것이 진실인지 아닌지는 신경 쓰지 말고, 상사의 열등감이나 외로움에 집중해보자. 눈치 없이 '팩트'를 거론하며 "과장님, 그건 못 믿겠어요. 진짜예요?" 라고 그의 말을 저지한다면, 당신은 미운털 1순위 부하직원이 될 것이다.

나르시시스트는 자존감이 높은 척하지만 실제로는 낮다. 그 어떤 인격 성향보다 수치심에 약하고 민감해서 약간의 부끄러운 상황도 잘 견디지 못한다. 이런 특징을 주변에서도 쉽게 눈치챌 수 있지만, 본인은 끝까지 부정하며 인정하지 않는다. 《벌거벗은 임금님》을 떠올려보라. 이 이야기에서 사실을 고한 신하들은 모두 벌을 받고 왕국에서 쫓겨났다. 물론 끝까지 거짓말로 아부를 하라는 것은 아니다. 이들에게 직언할 수 있는 사람은 당신이 아니라 오직 이들 자신의 역할이라는 뜻이다. 최소한의 현실 인식과 통찰이 생기고 나서야, 이들은 타인의 쓴 조언을 받아들일 준비가 된다(그 타이밍은 아주 천천히 오래 걸린다).

둘째, 말을 잘 들어주자. 자기애적 성향의 사람은 타인의 진정한 지지를 받기 어렵다. 허세나 과시가 심한 사람들의 입담을 누가 진지하게 기억할까. 사실 누구도 관심이 없고 공감을 구하기 어렵다. 사람들도 그런 허풍이 빛 좋은 허울뿐이라는 것을 알고 있다. 그럼 이들과 잘 지내기 위해 무조건 칭찬해주고 맞춰줘야 할까? 그렇지는 않다. 단지 이들과 맞서 다투지 말고, 이들의 자존심을 지키려는 내적 저항과 미성숙함을 인정해주라는 것이다. 이들을 대할 때 우선적으로 기억할 점이 바로 이것이다. 항상 사람들로 가득 차 있는 것처럼 보이는 이들의 주변은 사실 공허하다. 따라서 이들의 말에 약간의 인내심을 가지고 들어주고 최소한의 반응(눈을 맞추거나, 고개를 끄덕이는 행동 등)을 보여주면, 그 효과는 당신이 생각하는 것 이상으로 이들과 좋은 관계를 이어나갈 수 있을 것이다.

셋째, 장점을 칭찬해주자. 예를 들어 직장 상사가 "나 왕년에 인기 많았어! 몸짱이었어!" 라는 허세를 부리고 있을 때, 사실이 아닐 가능성이 높다고 해도 여기에 긍정도 부정도 하지 않는 것이 좋다. 대신에 "과장님은 어떻게 한 번도 지각을 안 하세요." 라든가, "과장님은 일 처리가 항상 깔끔하세요. 자기 관리도 정말 철저하세요." 같은 사실에 근거한 다른 점을 칭찬해보자. 군이 거짓말을 하지 않아도 이들이 칭찬받을 만한 점이 있다는 것을 부각시켜 주는 것이다. 자신에게도 남들 못지않은 장점이 있다는 것을 깨닫고, 그에 대해 인정받는다면 이들은 쓸데없이 허영을 고집하지는 않을 것이다. 자기애적 성향의 사람은 열등감을 지적하지 않으면서, 자연스럽게 거짓 이상화된 자신에서 실제의 자기에게로 관심을 전환시켜 주는 것이 중요하다. 이처럼 당신이 신중한 배려를 해준다면 이들과의 긍정적인 관계를 유지할 뿐 아니라 고마운 사람으로 기억될 것이다.

관심받을 수 있다면 무엇이든지 하겠어 _연극성 인격장애

연극성 인격장애histrionic personality disorder는 자기애적 인격장애 및 경계성 인격장애와 겹치는 점이 많다. 연극성 인격 성향의 가장 큰 특징은 과장되고 극적으로 감정을 표현하는 데 있다. 이 점은 자기애적 성향의 사람에게도 드러나지만, 연극성 인격 성향은 그 정도가 훨씬 심하다. 단순히 타인의 관심을 원하는 수준이 아니라, 타인의 관심이나 인정을 받으려고 지나치게 애쓰고 감정을 표현하는 증상을 말한다. 타인의 시선을 자신에게 돌릴 수밖에 없도록 만드는 것이다. 요즘 흔하게 언급되는 '관종'이 연극성 인격 성향에 해당된다고 보면 된다.

　나르시시스트가 상대의 시선을 즐기면서 좀 더 세련된 방법으로 관심을 유도한다면, 연극성 인격 성향을 가진 사람은 그보다 부적절하고 미성숙한 방법을 쓴다는 점에서 차이가 있다. 나르시시스트와 연극성 인격 성향을 비교하여 얘기하다 보면 자연스럽게 떠오르는 추억이 하나 있어 소개해볼까 한다.

레지던트 시절, 다른 과 레지던트 선배 중에 명품만 고집하는 A 선배가 있었다. 그는 자기애가 강한 나르시시스트였는데, 평소 병원 사물함에도 에르메스 넥타이나 레이밴 같은 명품 선글라스를 보관해둘 정도였다. 양복도 명품 브랜드만 입었으며, 수술복을 입을 때는 롤렉스 시계를 찼다.

한편 교수님들이 연극성 인격 성향이 아니냐며 농담할 정도로 개성 강한 B 선배가 있었다. 그는 퇴근할 때 빅뱅의 탑이 쓰던 블라인드 창 같은 선글라스를 쓴다거나, 빨간색 셔츠를 입고, 뾰족한 구두를 신었다. 그 밖에도 B 선배의 패션은 한 번 보면 도저히 잊을 수 없을 만큼 별난 데가 많았다. 또 과장된 언어를 습관처럼 사용했는데, 고마움을 표시할 때는 "너 때문에 목숨을 건졌다!"라거나 드라마에서 나올 법한 극적인 대사를 쓰곤 했다.

당사자는 너무 당당한데 주위 사람을 종종 부끄럽게 만드는 B 선배의 성격은 특히 장례식장에서 두드러졌다. 친분이 거의 없는 다른 과 동료의 아버지 장례식에서 바닥에 털썩 주저앉아 꺼이꺼이 울곤 했기 때문이다. 모르는 사람이 보면 B 선배가 상주가 아닐까 착각할 정도였다. B 선배는 그런 행동이 자신의 친근함과 성의를 보여주는 방식이라고 여겼다. 하지만 다른 사람들은 어색하고 부담스러워했는데, 정작 자신은 그런 분위기를 전혀 알아채지 못했다.

나르시시스트는 한껏 멋을 부렸는데 상대방이 관심을 주지 않으면 그 사람이 패션을 몰라서 못 알아보는 것이라고 생각한다. 내가 수준이 높아 상대방이 모를 수 있다고 여기며 크게 신경 쓰지 않는다. 한편 연극성 인격 성향을 가진 사람은 상대방이 자신이 입은 옷을 칭찬하지 않으면 시무룩하고 속상해한다. 심지어 다시 집에 돌아가 더욱 튀는 옷으로 갈아입고 나오기도 한다. 이처럼 연극성 인격 성향을 가진 사람은 미숙하고 희극적인 특징이 있다. 이들은 자신에게 관심을 주지 않으면 큰소리로 호응을 유도하고 갑자기 엉엉 운다거나 하는 특이한 면은 있지만, 관심을 주지 않는다고 상대방을 적으로 인식하지는 않는다.

연극성 인격 성향을 가진 사람은 타인과 친해지기 위해 자신의 외모를 많이 이용한다. 예를 들면 노출이 심한 옷을 입고 다니거나, 이런 모습을 사진을 찍어 SNS에 올리는 경우가 많다. 이들의 욕망이 무한대로 발휘되고 있는 대표적인 공간이 인스타그램이다. 어떤 남성들은 복근을 과시하며 상의를 벗은 사진을 업로드하고, 댓글과 '좋아요' 수를 보며 쾌감을 얻는다. 또 일부 여성들은 수영복 차림의 사진이나, 특정 신체 부위가 부각되는 레깅스, 심지어 속옷 차림을 사진을 찍어 업로드하기도 한다.

이 사례에서 약간 구분해서 이해해야 할 점이 있다면 성적 매력을 노출하는 동기의 차이다. 요즘은 쇼핑몰 운영을 위해서라든가, 크리에이터들이 팔로워 수를 늘려 이를 상업적 용도로 사용하기 위해 자신의 매력을 불특정 다수의 대중에게 드러내는 일이 많다. 하지만 이런 마케팅이나 사업적 기반을 위해서가 아니라, 자신의 인기나 관심, 애정 욕구를 충족하기 위해 외모나 신체적 매력을 드러내는 경우도 많다. 이러한 성적 어필이 여러 사회 문제를 야기하는 것은 논외로 치더라도, 타인의 관심을 끄는 데 확실한 효과가 있음은 부정할 수 없다.

일부 사람들은 히스테리Hysterie와 연극성(영어로 '히스트리오닉 histrionic'이라고 표기한다) 인격 성향을 비슷한 개념으로 착각하는데, 이는 과거의 정신분석에서는 공통점이 있다고 보았으나 현재는 다른 개념으로 파악하고 있다.

히스테리는 신경증적 측면의 증상으로, 무의식적으로 억압된 본능이 갑자기 표출되는 신체 증상이다('전환 증상'이라고 한다). 히스테리는 좀 더 병적인 개념으로 연극성 인격 성향의 특징과는 차이가 있다. 주위에서 우리가 만날 수 있는 연극성 성향을 가진 사람을 설명하기에 히스테리나 구강기의 성적 집착 같은 용어로 해석하기에는 적절하지 못하다.

그렇다면 직장에서 볼 수 있는 연극성 인격 성향은 어떤 모습일까? 회식이나 뒤풀이 때 테이블 위에서 춤추면서 주목받는 행동을 한다거나, 체육대회를 앞두고 본인 이름이 새겨진 유니폼을 직접 마련하여 빼입고 과시한다거나 하는 식이다. 또 상사에게 과도한 콧소리로 애교를 부리며 친근함을 표시한다거나, 사귀던 사람과 헤어져서 삶의 의미를 잃었다며 걸핏하면 울고 자신의 얘기를 들어달라며 위로를 바라는 사람 등이 있다.

다행인 것은 이들의 갑작스러운 행동이 분위기를 흐리고 사람들을 민망하게 만들기는 하지만 딱히 주변에 큰 해를 끼치지는 않는다는 점이다. 항상 남들과 어울리기를 원하면서도, 동시에 자기만의 세계에 빠져 있는 사람들이라고 보면 이해하기 쉽다. B군 인격 성향이지만, 오타쿠적이고 별난 사고를 한다는 점에서 A군 인격 성향도 일부 가지고 있다고 파악된다. 흔히 쓰는 일상적인 말보다 문어체를 자주 사용하기도 하고, 마치 연극에서의 독백과 같은 대사를 사용하기도 한다. 타인이 관심을 보이지 않으면 이들의 목소리는 더 높아지고, 손짓이나 몸짓을 통해 호응을 유도하기도 한다.

연극성 인격장애의 특징

- 자신이 관심을 받지 못하면 속상해한다.
- 자신의 외모와 신체적 매력을 이용해서 대인관계를 유리하게 만들려고 한다.
- 자신에게 일어난 일을 과장되고 극적으로 해석해서 표현한다.
- 타인의 말에 쉽게 영향을 받는다.

연극성 인격 성향인 사람과 좋은 관계를 맺기 위해서는 어떤 방법이 필요할까? 이들과의 대인관계에서 기억할 점은 대놓고 지적하거나 공격하지 않는 것이다. 이 점만 지킨다면 이들이 당신을 미워할 일은 거의 없고, 관계 유지를 위한 특별한 노력을 기울이지 않아도 된다. 다만 이들의 과장된 '희극화'에 숨겨진 감정이 외로움이라는 것을 이해해주면 좋을 듯하다.

누구나 튀는 것, 나대는 것, 감정 과잉인 상태의 사람을 보면 저항감이 들게 마련이다. 하지만 이들은 감정을 다스리는 데 미숙하기는 해도 고집이 세지는 않다. 긴장되는 직장생활에 늘 조용하고 차분한 사람만 있다면 그 역시 지루하고 숨 막히지 않을까. 이들의 감정을 조금 인내하고 지켜봐주면, 조직 내에서 웃음을 주고 긴장을 풀어주는 역할을 톡톡히 할 것이다.

제발, 나를 버리지 마! _경계성 인격장애

경계성 인격장애borderline personality disorder에서 말하는 '경계'란 정상의 범주와 병적인 영역을 나누는 일종의 선이다. B군 인격장애뿐만 아니라 전체 인격장애에서도 가장 눈여겨봐야 할 집단이 이 경계성 인격이다. 실제로 경계성 인격 성향은 우울증이나 조울증, 조현병 등으로 발전할 가능성이 가장 높다.

경계성 인격 성향을 대표하는 가장 중요한 특징은 '유기 불안'과 '불안정성'이다. 안타깝게도 이런 성향을 가진 사람과 연애를 시작하고 나서야, 이들의 불안정을 마주하고 큰 곤란을 겪는 경우가 많다. 한 커플의 사례를 통해 경계성 인격이 어떤 특징을 보이는지 살펴보자.

사내 커플인 민호 씨와 지은 씨는 비밀 연애를 시작한 지 6개월째다. 민호 씨는 미인인 데다가 인기가 많은 지은 씨가 걱정되어 늘 노심초사했다. 민호 씨는 그녀가 회식 때 무엇을 하는지,

호감을 표시하는 사람은 없는지, 몇 시에 귀가하는지도 일일이 확인했다. 지은 씨는 그의 행동에 처음에는 웃어넘겼으나 집착이 점점 도를 넘는다는 생각에 자주 다투게 되었다.

어느 날 카카오톡 메신저 내용을 보여달라는 민호 씨의 요구를 지은 씨가 거부하면서 이들 관계는 크게 틀어지기 시작했다. 민호 씨는 "왜 내용을 보여주지 않는 거야!" 하며 버럭 소리를 지르고 공격적으로 돌변했다. 지은 씨는 이런 거친 행동을 보이는 민호 씨가 두려워 헤어지자고 말했다.

그때부터 민호 씨의 증상이 수면 위로 드러나기 시작했다. 민호 씨는 "네가 날 버리면 죽어버릴 거야. 우린 못 헤어져!" 라는 협박 문자를 지은 씨에게 계속 보냈다. 지은 씨는 결국 그를 만나서 설득도 해보고 타일러도 보았는데 잘되지 않았다. 가장 큰 문제는 그를 피하고 싶어도 피할 수 없다는 것이었다. 전화, 문자를 차단해도 사내 인트라넷 메신저로 집요하게 연락했고 이마저도 차단하니, 직접 부서로 찾아와 지은 씨를 불러냈다. 다른 동료들이 보고 있어서 대놓고 무시할 수도 없어 지은 씨는 그를 만날 수밖에 없었다.

그런 식으로 민호 씨는 매번 핑계를 만들어 하루에도 몇 번씩 지은 씨 주위를 맴돌았다. 그녀가 자리를 비운 사이에 "우린 못 헤어져. 넌 내 거야." 라는 쪽지를 놓고 가기도 했다. 지은 씨는 이런 그의 행동에 소름이 끼쳤다. 명문대 출신에 키 크고 훤칠한 외모까지 어느 하나 빠질 데 없이 완벽해 보였던 민호 씨가 그런 사람일 줄은 전혀 몰랐다.

더욱이 지은 씨는 민호 씨와 사귀기 전에 그와 같은 과를 나온 동기나 선후배들에게 어떤 사람이냐고 물어보고 연애할지를 결정했다. 민호 씨의 주위 사람들은 그의 언행이나 술버릇, 매너, 바람둥이는 아닌지 등에 대해 한결같이 좋은 평가만 했었다. 지은 씨가 헤어지자고 말한 후의 그의 행동을 보면, 그 전의 민호 씨와 같은 사람인지 전혀 이해가 안 될 정도였다. 이제 지은 씨는 빨리 이 관계가 잘 정리되기를 바랄 뿐이다.

경계성 인격 성향을 가진 사람이 느끼는 불안은 대개 어머니와의 애착에서 기인한다. 어머니가 나를 떠나 버림받을지도 모른다는 유기 불안이 그것이다. 다음에 소개한 민호 씨 부모님의 이야기와 그의 성장 배경을 들여다보면, 민호 씨의 어떤 불안과 공포가 내부에 잠재되어 있다가 발현되었는지 파악할 수 있을 것이다.

민호 씨의 아버지는 술을 좋아했다. 정확하게는 알코올 의존증 상태였다. 사업을 핑계로 그는 매일 술을 마셨는데, 이틀에 한 번은 외박을 했고, 집에 들어오는 때도 늘 새벽 2시를 넘긴 시간이었다. 민호 씨의 어머니는 23살의 어린 나이에 민호 씨를 가지게 되어 결혼했다. 술자리로 자주 집을 비우고 이런저런 문제를 일으키는 남편 탓에, 그녀는 임신 기간 내내 불안하고 괴로웠다. 민호 씨의 어머니는 홀로 남겨진 집에서 남편을 기다리며 고민하다가 울다가를 반복하다가 지쳐 잠드는 우울한 신혼을 보냈다. 무엇인가 잘못되었다는 것을 알았지만 돌이킬 방법도, 대안도 떠오르지 않았다.

이런 생활이 계속되는 가운데 민호 씨가 생후 10개월이 되던 어느 날 그녀는 처음 가출을 결심했다. 결정적인 계기는 남편이 회사 경리부서의 어린 여직원과 바람난 것을 알게 되었기 때문이다. 그녀는 도저히 참을 수 없어서 남편에게 따졌는데, 도리어 남편은 호통으로 일관하며 거짓말을 하고 폭언을 내뱉었다. "남자가 사업하다 보면 외박도 하고 술도 마실 수 있는 거지! 그리고 여자? 무슨 증거로 사람을 모함해!"

적반하장으로 그는 민호 씨의 어머니를 밀치기까지 했다. 그녀는 이런 남자와는 한순간도 살 수 없다는 생각에 바로 친정으로 도망쳤다. 게다가 아기였던 민호 씨를 두고 가버렸다. 화가 나서 감정이 폭발한 순간 그녀의 눈에 민호 씨는 '그 인간의 아들'이자 자신이 그런 인간에게 붙잡히게 된 이유였고, 인생의 실수처럼 여겨졌기 때문이다.

대여섯 시간이 흐른 뒤, 그녀는 10개월 된 아이를 집에 홀로 두고 온 것이 너무 마음에 걸려, 다시 돌아와 민호 씨를 데리고 친정으로 갔다. 하지만 그녀의 친정은 얼음장처럼 차가웠다. "출가외인이 어딜 집에 돌아와!" 라며 호통을 쳤고, 곧바로 남편을 호출했다. 민호 씨의 외할아버지는 사위를 불러 술판을 벌이더니, 자기 마음대로 그를 용서했다. 그녀는 아버지가 제정신인가 싶었다. 그녀의 어머니도 크게 다르지 않았다. "남자들 다 한 번씩은 그래. 네가 참아. 엄마도 그랬었어." 민호 씨 어머니는 이게 웬 말 같지도 않은 소리인가 싶어 당황스러웠다. 그녀는 부모가 하는 말을 믿기 힘들었다. '남편이 바람을 핀 것이 당연하다는 말인가', '자신이 모르는 사이 어머니도 이런 가정을 지키며 외롭게 살아왔다는 말인가' 하는 생각이 머릿속에서 맴돌았다.

민호 씨 어머니의 갈 곳 없는 절망감과 분노는 결국 자신과 어린 민호 씨를 향하게 되었다. 남편이 벌어다 주는 생활비와 집이란 공간에서 스스로 억누르고 침식시켜갔다. 그녀는 대안을 찾을 여유도 경제적 능력도 없어서, 자신에게는 선택의 여지가 없다고 생각했다. 그렇게 그녀는 포기를 택했다.

그녀는 남편을 사랑하지 않았기에 민호 씨에게 더욱 집착했고, 무서울 정도로 강한 애정과 분노를 쏟았다. 남편의 부재로 인한 결핍만큼 그녀는 '최고의 엄마', '좋은 엄마'라는 소리를 듣고 싶었다. 하루 종일 24시간을 그녀는 민호 씨 옆에 딱 붙어서 함께했다. 여자로서 아내로서 불행한 만큼 엄마로서는 세상에서 제일 행복하고 인정받아야 한다는 생각에 집착했다. "민호야 너 반에서 1등 못하면 엄마는 도망가버릴 거야.", "너는 엄마 실망시키면 안 돼. 그럼 엄마는 죽어버릴 거야."

민호 씨가 학창 시절에 매번 들었던 말이다. 초등학교에서부터 대학교에 올 때까지도 아버지의 만취한 모습과 바람기는 여전히 사라지지 않았다. 민호 씨의 집에는 아버지는 없었다. 오직 어머니와 나, 그리고 어머니의 '분노'가 있었을 뿐이다. 그것이 민호 씨가 바라본 세계였다.

'엄마가 도망간다는 것'. 생후 10개월의 기억이더라도 이러한 공포감은 민호 씨의 뇌에, 해마체에 유전자 단위의 기억으로 각인되었을 것이다. 어른에게는 불과 한나절이었을 그 시간은 연약한 생명체인 갓난아기에게는 심각한 트라우마를 일으킬 수 있는 시간이기도 하다. 아기인 민호 씨에게 이 공포는 곧 죽음을 의미했을 수 있다. 본능에 새겨진 공포는 절대로 잊히지 않는다. 더욱이 부모의 불화로 인한 불안의 그림자가 그에게 늘 드리워 있었다. 이 얼마나 슬픈 일인가.

민호 씨는 성장하면서 이 같은 유기 불안에서 벗어나지 못해 대인관계에서 매번 어려움을 겪었다. 이성을 상대로 한 관계만이 아니었다. 민호 씨는 자신과 친해졌다가 멀어지는 사람들이 생길 때마다 항상 어머니가 떠올랐다. (그의 기억에는 처음이었던) 초등학교 1학년 때 어머니의 가출, 중학교 때 어머니의 잦은 외박으로 불안했던 일 등이 떠올라 좋아하는 사람에게 먼저 버려지는 일이 없도록 애써왔다.

특히 연애에 대해서는 더욱 노력했다. 여자 친구와 헤어지게 될 때는 최선을 다해 붙잡았다. 울고불고 매달리기도 했다. 한겨울 영하의 날씨에 여자 친구 집 앞에서 11시간 동안을 기다린 적도 있다. 민호 씨는 이런 노력이 사랑이라 생각했지만, 여자 친구의 입장에서는 두려움이었다. 자신도 그런 사실을 알았지만 어쩔 수 없었다. 그날 여자 친구 집 앞에서 기다린 사람은 22살 대학생 민호 씨가 아니다. 기다린 대상도 여자 친구가 아니다. 본인조차 기억하지 못하는 10개월 된 아기, 그리고 초등학생, 중학생 민호 씨가 돌아오지 않는 어머니를 기다리며 울고 있었던 것이다.

민호 씨 같은 성향의 사람이 애착에 매달리는 절절한 노력은 생존을 위한 것이다. 그러니 어찌 필사적이지 않을 수 있겠는가. 민호 씨의 상황을 고려하면 그의 행동이 이해가 안 되는 것은 아니다. 안타까움도 든다. 하지만 그것은 어디까지나 민호 씨와 그의 가족이 이해하고, 나아가 상담사가 수용할 문제이지 그와 사귀었던 여자 친구들이 짊어져야 할 책임이 아니다. 이러한 민호 씨의 일대기를 여자 친구들이 짧은 연애 기간 동안 다 알고 이해할 방법은 도저히 없다. 민호 씨가 그녀들에게 먼저 얘기했을 리도 만무하다.

아마 책상 위에 놓인 "우린 못 헤어져. 넌 내 거야." 라는 쪽지를 읽은 지은 씨의 고민은 연애의 차원이 아니라 안전의 문제로 다가왔을 것이고 두려움과 위협이었을 것이다. 지은 씨는 민호 씨를 스토킹으로 신고할지, 경찰이 도와줄 수 있을지 고민했다. 아예 회사를 옮겨야 할지, 자신이 왜 이런 일을 당해야 하는지 한동안 두려움에 떨며 지냈다. 이 같은 문제로 공포감에 휩싸인 나머지 일상을 견디지 못해 심리 상담을 받는 경우도 꽤 많다.

경계성 인격 성향을 근본적으로 치료할 수 있는 방법은 그 사람의 인생 전반을 관통하는 트라우마인 '어머니의 부재'를 보상해 주는 것이다. 쉽게 말하면 그 사람 옆에서 '네가 무슨 잘못을 해도 절대로 너를 버리지 않는 사람'이 되어주는 것이다. 하지만 이는 마더 테레사 수준의 고결한 정신과 인내심을 가진 사람이 아니라면 불가능한 일이다. 어린 시절부터 이어진 이 상처가 20년 동안 이라면, 치료에도 20년이라는 긴 시간이 필요하니 말이다.

경계성 인격 성향을 가진 사람은 다른 사람이 나를 버릴지도 모른다는 두려움에 상대방을 끊임없이 시험하며 괴롭힌다. "네가 이래도 나를 안 버릴 거야? 나중에 헤어질 거면 차라리 다가오지 마!" 라는 식으로 말하며 가시를 세운다. 이러한 점은 처음에는 안쓰럽고 상대에게 연민을 불러일으킨다. 보살펴주고 싶은 마음이 들고, 이들의 집착과 소유욕, 투정, 미성숙한 언행도 참아준다. 하지만 이 같은 행동이 반복되고, 의심하고 확인하려는 단계에 이르면 상대방도 지칠 수밖에 없다.

이들은 지쳐가는 상대방을 보며 "그러면 그렇지. 너라고 별 수 있겠어." 라며 상대를 비난하기 시작한다. 상대가 나를 버리기 전에 자신이 먼저 떠나기도 한다. 그리고 새로운 상대를 찾으려 애쓰고 똑같은 패턴을 반복한다. 이러한 루틴은 엄마를 대치해 줄 완벽한 이상형을 찾을 때까지 계속된다. 하지만 그 누구도 어린 시절 자신을 상처 입힌 엄마를 대신할 수 없기에 이 여정은 끝나지 않는다. 이들이 끝없이 공허하고 무기력해하는 이유가 바로 이것이다.

이들의 감정에는 아주 오래된 분노가 자리하고 있다. 그 분노의 대상은 자신을 버렸거나 소홀하게 내버려둔 어머니를 향한 감정에서 비롯된 것이다. 그로 인해 대인관계에 결함이 발생하고, 자기 정체성을 확립하는 데도 어려움을 느낀다. 당연히 자존감이 낮게 형성되고 우울함도 따라온다.

그래서 경계성 인격 성향을 가진 사람은 버림받을 가능성이 없는 안정적인 인간관계에만 몰두한다. 그 과정에서 이들은 상대에게 특별한 관계임을 암시하는 어떤 자격을 부여한다. 이를테면 "내가 누군가를 믿는다거나, 누군가를 좋아한다고 먼저 말하는 건 네가 처음이야. 정말 드문 일이야." 라는 식으로 말한다. 관계의 초기에는 이런 특별함이 긍정적으로 작용한다. 하지만 시간이 흐르면 불안이 야기된다. 이 말에 담겨 있는 속뜻은 '그러니까 너는 절대 나를 배신해서는 안 돼'이기 때문이다. 친해지고 가까워질수록 이 불안은 더욱 심해진다. 상대방은 이들을 탓하거나 미워할 수 있는 자유를 억압당했기 때문에 감정에 솔직해지기 어렵다. '이렇게 상처받은 사람에게 내가 또 상처를 주면 어쩌지?' 하는 마음에 죄책감이 생기고, 서로의 불안한 감정이 미묘하게 공유되는 것이다. 성인이 되어서도 이런 유기 불안을 떨쳐낼 수 없는 것은 일종의 퇴행이라고 볼 수 있다. 자아가 미성숙하기에 생기는 이 같은 증상은 원인이 분명하지만, 과거를 돌릴 수 없기에 치유가 어려워 더 안타깝다.

　　매우 예외적이지만 경계성 인격 성향인 사람에게 매력을 느끼는 사람들도 있다. 보호 본능이나 모성애가 작동하면서 마치 자신이 구원자가 되어 그 사람을 치유해주고 싶다는 생각이 드는 것이다. 이를 '구조 환상rescue fantasy'이라고 한다. 트라우마로 인해 과거에 갇힌 그 사람의 내면적 어린아이를 자기가 구출할 수 있다는 이 착각은 언뜻 숭고하게 보인다. '내가 아니면 누가 그 사람을 감당할 수 있겠어. 그 사람은 나 아니면 안 돼' 라는 식의 생각을 하는 것이다. 이런 생각의 깊은 곳에는 상처받은 상대방의 인생에 변혁을 일으키고 구원해줄 영웅이 되고 싶다는 마음이 존재한다. 그 사람의 인생에서 절대적인 인물이 되고 싶은 것이다.

다른 인격 성향 가운데 나르시시즘, 즉 자기애적 성향이 두드러진 사람들 중에는 이런 구원자적 환상을 가진 사람이 많다. 실제 경계성 인격 성향 여성과 나르시시즘 남성의 조합은 의외로 안정적인 관계를 이어가는 사례가 적지 않다. 서로의 니즈를 맞춰주고 수용해주며, 서로의 치료자가 되어주는 것이다. 인격 성향에 대한 이야기를 하는 가장 중요한 목적이 바로 이 점이다. 인간은 누구나 단점 또는 취약한 점이 있고, 각각의 인격 성향을 독립적으로 판단할 때 우리는 모두 미성숙한 존재들이다. 하지만 각각의 미숙한 사람이 만나 친구, 연인, 또는 다른 관계를 이루었을 때 서로의 방어기전이 상충되지 않는다면, 그 조합에 따라서는 성숙한 사람끼리의 조합만큼 안정감이 발휘될 수도 있다.

자신에게 어떤 인격 성향이 있다고 해서 단순히 약점이나 단점으로 치부할 필요가 없다는 뜻이다. 중요한 것은 나의 인격 성향이 어떤 장단점이 있는지를 깨닫고, 이와 어울리는 좋은 조합 및 관계를 만드는 것이다. 즉 내가 아니라 나와 상대방 간의 상호작용에 집중해야 한다. 나의 인격 성향의 나쁜 점을 자극하지 않을 사람, 나의 방어기전과 상충되지 않을 성향을 가진 사람을 만난다면 단점도 좋은 관계를 통해 보완될 수 있다.

경계성 인격 성향을 가진 사람이 자주 사용하는 미성숙한 방어기제가 몇 가지 있는데, 가장 두드러지는 것이 '분열'이다. 주변 인물을 선과 악의 흑백논리로 두 종류로만 구분하는 것이다. 아주 좋은 사람과 나쁜 사람이 있을 뿐 중간이 없다. 이들의 평가는 매우 극단적이고 감정적이기에 수시로 그 평가가 쉽게 뒤바뀐다. 어제는 세상에서 제일 존경스러운 사람이 오늘 하루아침에 쓰레기 취급을 받는 것이다. 이러한 이상화와 평가절하는 타인뿐 아니라 자신에게도 적용된다. 지나치게 긍정적이고 전지전능함을 느끼면서도, 때로는 자해에 가까운 가학성을 보인다.

경계성 인격 성향이라는 명칭을 놓고 볼 때, 이렇게 선을 그어놓고 두 가지 영역을 왔다 갔다 하는 분열적 증상이야말로 이 성향에 가장 부합되는 특징이라고 할 수 있다.

분열이라는 방어를 사용하면서 이들은 자연스럽게 '부정'과 '투사'의 방어기제를 혼용하기도 한다. 이를테면 자신의 실수를 모르는 척하거나 인정하지 않고 남 탓으로 돌린다. 원래부터 가지고 있던 불안을 담아두는 것이 불편해서 분노의 방식으로 타인에게 표출하기도 한다. 타인에게는 아주 엄격하면서 자신에게는 관대하다가도, 다음 날 이 기준이 180도 뒤바뀌는 다중적 잣대를 가지고 있다. 이런 불확실성과 불안정성이 경계성 인격 성향의 두드러진 특징이다. 이들은 '이런 모습을 들키면 어쩌지? 들키면 날 떠나지 않을까? 아니야, 내 진짜 모습을 알고서 날 사랑해주지 않을까?' 하는 양가감정을 가지고 있다. 이는 기본적으로 자신과 대상의 경계가 제대로 구분되어 있지 않기에 생기는 정체성의 모호함 때문이다.

자신의 내적 세계를 외적 대상에게 쏟아놓고, 그 대상을 다시 내 안으로 내면화하는 것이다. 이를 '투사적 동일시'라고 하는데, 이 개념은 분석심리학자이자 대상관계 이론의 권위자인 멜라니 클라인Melanie Klein이 제시한 방어기제 중 하나이다. 자신이 원하지 않는 성격의 일부분 또는 무의식 속 나쁜 기억(트라우마, 분노, 슬픔 등)을 자신과 분리시켜, 외부의 다른 대상에게 투사하여 다시 변형시켜 내게로 가지고 오는 과정을 말한다.

하지만 기본적으로 투사 행위는 타자에 대한 공격성을 드러내는 것이며, 이 경우 역으로 공격당할 위험에 마주할 수 있다. 더구나 자아 정체성이 약한 사람이라면 이 불안은 더욱 심화되어 분노를 경계 없이 공유하는 상태가 되어버린다. 전이와 역전이의 균형이 무너지게 되는 것이다. 쉽게 말해 내가 자신에게 화가 나는 것인지, 다른 사람 때문에 화가 난 것인지, 아니면 다른 사람이 인지하는 내 모습에 화가 난 것인지 헷갈리는 것이다.

오토 컨버그Otto Kernberg를 비롯한 많은 정신분석학자들은 경계성 인격 성향이 태동하게 된 이론적인 배경으로 마거릿 말러Margaret Mahler의 학설을 인용하곤 한다. 말러의 발달이론에서 유아는 공생기를 지나 자신과 대상을 구분할 수 있는 수준이 되면, 그 다음 단계인 분리-개별화 시기를 통과해야 한다고 설명한다. 그런데 이 단계에서 더 나아가지 못하고 고착되어버린 상태가 경계성 인격을 형성하게 되는 이유라고 보았다. 이것을 '대상 항상성 결핍'이라고 한다. 간단히 말해 언제나 변하지 않고 내 곁에 있을 누군가가 생겨야 이들이 안심할 수 있고 올바르게 성숙할 수 있다는 의미이다.

경계성 인격장애의 특징

- 대인관계가 불안정하다. 상대방을 갑자기 이상화하거나 금세 평가절하한다.
- 자존감이 불안정하고 우울해한다.
- 충동적으로 행동하거나 자해한다. "죽어버리겠다!"며 주위 사람을 협박하기도 한다.
- 만성적으로 공허하고 무기력해한다.

이와 같이 대인관계가 불안정한 경계성 인격 성향을 가진 사람과 잘 지낼 수 있을까? 이들과 사귀다가 헤어진다면 안전하게 이별할 수는 있을까? 과연 원만한 해결책이 존재하기는 할까? 정신과 전문의로서도 답하기 어려운 질문이다.

무엇보다 경계성 인격 성향을 가진 사람은 스스로 자신의 빈자리를 채울 다른 무언가를 찾아야 한다. 위의 사례에서 민호 씨는 여자 친구인 지은 씨를 과도하게 이상화하고, 어린 시절 엄마가 준 상처를 대신 치유해줄 존재이기를 간절히 바랐다. 하지만 그것은 지은 씨가 책임져야 할 부분이 아니다.

여자 친구와의 이별에 대해 민호 씨는 그 원인과 책임 소재를 분별할 수 있는 상태가 아니다. 자신의 기대가 또 무너졌다는 좌절감에서 빨리 벗어나고 싶을 뿐이다. 분노와 원망이 지은 씨를 향할 가능성이 매우 높기 때문에, 이를 방지하기 위한 대책이 필요하다. 엄마를 대신할 만큼 절대적인 존재, 변하지 않는 대상을 일시적으로라도 제시해줄 필요가 있다. 실질적으로 이는 무척 어려운 일이기는 하다. 그만큼 경계성 인격 성향은 상대하기 힘들다.

이들은 많은 이성에게 상처를 숱하게 남긴 후, 종국에 자신의 문제를 포용해줄 누군가를 만나서 정착한다. 한마디로 임자를 만날 때까지 이런 연애 패턴을 반복한다. 이들의 공허감이 스스로 퇴색하고 분노가 사그라질 때까지 숱한 만남과 이별을 거치며 본인도 다치고 상대방도 다치는 경험을 한다. 경계성 인격 성향의 사람과 사랑에 빠져 연애하는 경우라면, 내가 그 사람의 과정이 아니라 종착점이기를 바라는 수밖에 없는 것이다. 아닐 경우 매우 힘든 상황을 각오해야 한다.

근본적인 대책은 아니더라도 이들에게 해줄 수 있는 조언은 종교를 가져보는 것과 봉사 활동을 해보는 것이다. 신神이라는 절대자는 자신이 이상화하고 평가절하할 수 없는 존재이므로 배신당할 염려가 별로 없다. 또 봉사 활동은 대개 감정적으로 좋고 나쁘다고 평가할 만한 일이 아니기 때문이다. 덧붙인다면 상담을 받아볼 것도 권한다. 자신을 좀 더 근본적으로 치유하고 건강한 일상을 유지하는 데 상담이 도움이 되어줄 수 있다.

불안해서 집착을 멈추지
못하는 사람들

C군 인격장애

C군 인격장애는 '강박성 인격장애, 회피성 인격장애, 의존성 인격장애'로 분류된다. 전체 인격 성향 중 가장 많은 사람이 해당되는 집단은 B군이고, 그다음이 C군, 제일 적은 것은 A군으로 파악되고 있다. C군 중에서는 압도적으로 강박성 인격 성향이 흔하며, 특히 우리나라에서 더 많이 관찰된다.

C군 인격 성향 전체를 대표하는 단어는 '불안'이다. 사실 불안은 인간의 대표적인 본능이자, 우리의 기질과 성격을 형성하는 주된 정서 같은 것이어서 A군, B군, C군 인격 성향 모두 불안을 빼놓고는 설명하기가 어렵다.

확인하고 또 확인하고, 누가 나 좀 말려줘! _강박성 인격장애

다음은 김 과장의 직장생활을 묘사한 글이다. 그의 일 처리 방식과 대인관계의 면면을 살펴보면서 강박성 인격장애obsessive-compulsive personality disorder, OCPD는 어떤 특징을 나타내는지 알아보자.

영업1부 김 과장은 별명 부자다. 그는 회사에서 '김꼼꼼', '김답답', '김삼삼'으로 불린다. 엄격하고 완고한 성격의 김 과장은 10년을 근속하는 동안 결근과 조퇴는 물론 지각 한 번 한 적이 없다. 철저하고 꼼꼼한 규율주의자로 모든 일을 FM대로 처리해야 직성이 풀리는 사람이다. 하지만 융통성이 없기로 유명해서 '김답답'이라는 별명을 얻게 되었다. 또 모든 일을 '3일 전부터, 3번 이상, 최소 3명에게 함께 확인한다'가 그의 원칙이기에 '김삼삼'이란 별명이 붙었다.

김 과장은 선배, 부하직원, 거래처 직원에게 두루두루 인기가 없다. 회사에서 일 때문에 큰 문제를 일으키거나 사고를 친 적이 없는데도 상사들도 그리 좋아하지 않는다. 일 처리는 똑 부러질 것 같은데 왜 그를 좋아하지 않을까?

다른 부서 박 부장의 말을 옮겨보자. "영업1부 김 과장이 어떻냐고? 아, 김답답? 그 사람은 일을 지시하면 한세월이야. 계속 확인을 해. 영업일은 속도가 생명인데 광고심의를 질의한다고 1주일, 식약청 인증을 확인한다고 2주일이나 붙들고 있다고. 그렇게 일일이 다 확인한 뒤에 홍보 전략을 세우면, 아니 에어

컨을 가을에 팔고, 호빵을 봄에 파나?"

이번에는 동기인 오 과장의 말을 들어보자. "김 과장이요? 말
도 마세요. 밥 먹고 계산할 때마다 답답해 죽겠어요. 어느 날은
네 명의 식사비가 5만 1,000원이 나온 적이 있어요. 그럼 보통
은 1만 2,000원이나 1만 3,000원씩 식비를 내거든요. 그런데 김
과장은 1만 2,750원을 현금으로 주거나, 계좌이체를 해준다고
해요. 그냥 1만 2,000원만 내라고 해도, 그건 또 싫다고 고집을
피우고요. 정도 없고 융통성도 없고 한마디로 답답해요."

그에 대해 김 대리는 이렇게 말한다. "김컨펌 과장님이요?(그의
또 다른 별명이다) 휴, 출근할 때부터 퇴근까지 '컨펌 받았어?' 라
는 소리를 백번은 들어요. 그냥 하는 말이 아니에요. 진짜 백
번씩이나 물어봐요. 한번은 컨펌 소리를 얼마나 하는지 세어
봤더니, 오전에만 20번을 넘게 말하더라고요. 그리고 대체 다
른 사람 업무를 왜 세 명이 같이 확인해야 하는 거죠? 자존심
도 상할뿐더러 그 원칙이 오히려 능률을 떨어뜨린다는 걸 본
인만 모르는 것 같아요."

정작 김 과장은 자신의 원칙에 대해 이렇게 생각한다. "영업1
부에서 제출한 리포트는 오자나 탈자가 한 번도 없었어요. 여
러 번 확인하기 때문이죠. 회사원한테는 이게 기본이라고 생
각합니다. 사람은 누구나 실수해요. 그렇기 때문에 3일 전부
터, 각자 3번씩, 그걸 총 3명이 서로 확인하는 것이지요. 그러
면 실수를 크게 줄일 수 있어요." 김 과장의 얼굴에는 뿌듯함
마저 엿보인다.

김 과장의 사례를 보면 언뜻 강박증을 연상할 수 있다. 하지만 '강박증'과 '강박성 인격 성향'은 서로 다르다. 가장 큰 차이는 강박증은 자아 이질적인데 반해 강박성 인격 성향은 자아 동조적이라는 점이다. 강박증 환자는 자신의 이런 성격이 스스로도 매우 불편하고 힘들다. 자신이 왜 이러는지 짜증 나서 고치고 싶고, 그만두기를 원한다. 그러나 강박성 인격 성향을 가진 사람은 자신이 좋아서 그런 행동을 한다. 고치거나 바꿔야 한다고 생각하지 않는다.

성공한 사람치고 '완벽주의자'가 아닌 사람이 없다는 말이 있다. 이 말을 의학적으로 풀어보면 성공한 사람은 대개 강박성 인격장애OCPD를 가졌다는 뜻일 것이다. 이는 얼핏 칭찬처럼 들린다. 실제로 내가 일하던 병원에서도 전공의가 나르시시스트 같다거나 경계성 인격 성향이 있는 것 같다고 하면 부정적으로 인식되었지만, "저 친구는 OCPD 같아." 라고 하면 사고 치지 않고 일을 잘한다거나 실수가 없다는 식의 칭찬으로 평가되기도 했다.

일, 특히 성과에 대해 세밀하고 고집스러운 집착이 있는 사람이 성공할 확률이 높은 것은 사실이다. 경제학자, 애널리스트, 전문 투자가, 의료 종사자 등과 같이 꼼꼼한 확인을 필요로 하는 일이라면 더욱 그렇다. 하지만 이들의 성공은 그만한 대가를 치른다. 이들이 수없이 일에 집착하고 확인하는 시간 동안 주변의 인간관계는 그만큼 소홀해지고, 가족과 연인, 친구로서의 역할을 하는 데 문제가 발생한다.

강박성 인격 성향을 정신분석학적으로 해석하면 오이디푸스적인 거세 불안으로부터 항문기로 퇴행된 결과라고 본다. 배변훈련이라는 부모가 자녀에게 내준 첫 번째 과제를 제대로 수행하지 못했을 때, 혼나는 것이 두려운 나머지 불안감이 생겨 자꾸 확인하려는 습관이 생기는 것이다.

만 3~5세 때 소변이나 대변을 제대로 가리지 못해 부모에게 지나치게 혼나고 체벌 받은 아이는 초등학생이 되어서도 배변에 집착하고 불안해한다. '수업 시간에 오줌을 싸면 어쩌지?', '대변을 보러 가다 친구들에게 놀림 받으면 어쩌지?'라는 생각에 생리현상을 부끄러워하고 억압하는 것이다. 이처럼 배변 훈련 과정에서 생긴 불안은 수치심이 되고, 아이의 학창 시절을 내내 따라다닌다.

자신의 생리현상 같은 일차원적 욕구에 대해 수치스러운 것이라는 인식이 형성되면, 다른 욕구도 부끄럽고 부정한 것이라고 착각하게 된다. 욕구를 숨기고 억압해야 하는 것이라고 생각해서, 자아는 초자아의 엄격한 처벌로부터 감정을 분리하고 취소하고 전치하는 방어기제를 통해 수치심이라는 불안으로부터 도망치려 한다. 이러한 감정에 대한 역반응과 보상심리로 인해 다른 사람의 인정을 받고 싶은 과도한 욕구와 집착이 생기게 된다. 또수치심으로부터 벗어나기 위해 역으로 지나치게 청결에 집착하여 결벽증이 생긴다.

김 과장의 사례도 마찬가지이다. 학창 시절 그의 일화를 들여다보면 그가 왜 강박성 인격 성향을 갖게 되었는지 짐작할 수 있다.

사실 김 과장에게는 비밀이 하나 있다. 초등학교 시절 소풍 가는 버스 안에서 대변을 싸버린 일이다. 그것도 좋아하는 여자아이가 보는 앞에서 말이다. 이후 전학을 가게 되었는데, 그곳 학교에서도 '똥쟁이'라는 별명이 붙었다. 이런 상처를 지우고 극복해보려 노력했지만, 고등학교에서 전교 1등을 하건 명문대에 가건, 초등학교 동창들은 항상 그를 똥쟁이로 기억했다.

김 과장은 자신이 트라우마에 대한 반동으로 결벽증이 생겼고, 이것이 주위 사람을 불편하게 만들고 있다는 것을 대학교에 입학하고 난 뒤 깨달았다. 그는 친구들과 음식을 나눠 먹지 못했고, 특히 남이 입을 댄 소주잔을 넘겨받는 것을 심각하게 힘들어했다. 그럴 때면 친구들은 "귀하게 컸네. 너무 유난 떠는 것 아니냐." 라며 핀잔을 주었다. 하지만 이 정도의 불만은 참을 수 있었고, 친구들도 대수롭지 않게 넘겼다.

그러던 어느 날 김 과장의 습관적인 행동 하나가 꼬투리를 잡히면서 그를 곤혹스럽게 만들었다. 그는 강의실 의자에 앉을 때마다 물티슈로 몇 번씩 닦고서야 앉곤 했는데, 이를 본 친구들이 "너 결벽증 환자냐?" 라며 놀려댄 것이다. 그리고 얼마 되지 않아 과 전체에 그가 결벽증 환자라는 소문이 퍼졌다.

수치심에 대한 두려움은 뒤에서 수군거리며 비난하는 사람들에 대한 분노의 감정으로 바뀌었다. 타인의 공격성은 김 과장의 내면에 숨어 있던 어린 시절의 수치스러운 기억을 또다시 떠올리게 했다.

김 과장의 오염 강박은 성과에 대한 집착으로 방향이 바뀌었다. 부모에게 의존하고 싶었지만 거절당했던 그 결핍을 보상받기 위해 1등과 학점, 대기업 사원증 같은 것에 집착하게 되었다. 인정받기 위해, 실수하지 않기 위해 확인하고 또 확인하는 새로운 강박이 생겼다. 회사의 모든 사람이 인정할 만한 성과를 내야만 사랑받을 수 있다는 무의식적 불안이 김 과장을 원칙주의자 '김삼삼'으로 만든 것이다. 김 과장 스스로가 원해서 생긴 강박 성향이라 할지라도 즐거워서가 아니라, 고통과 수치심을 주는 트라우마 그리고 초자아로부터 벗어나기 위해 간절히 노력한 나머지 이런 인격이 만들어진 것이다. 완벽하지 못하면 사랑받을 수 없다니, 이 얼마나 애달픈 일인가.

강박성 인격장애의 특징

- 규칙, 순서, 시간표 등에 매우 집착한다.
- 지나친 완벽주의로 인해 제때 일을 끝마치지 못하는 경우도 흔하다.
- 다른 사람에게 일을 잘 맡기지 않는다.
- 쓸모없는 물건도 버리지를 못한다.

강박성 인격 성향이 심해지면 김 과장의 사례처럼 주변 사람에게 피해를 줄 수 있고, 직장생활을 유지하는 데에도 큰 어려움을 겪을 수 있다. 따라서 자신이 강박 성향이 있다면 집착하는 행동을 줄일 수 있는 방법을 찾아 스스로 노력해봐야 한다. 이들의 불안과 집착을 덜 수 있는 방법 몇 가지를 소개하면 다음과 같다.

첫째, 자신이 지금 집착하는 것을 말해본다. 강박 성향은 강박사고와 강박행위로 이루어진다. 생각을 행동으로 옮김으로써 자신을 괴롭히는 불안으로부터 벗어날 수 있는 것인데, 실제 행동하기 전에 말로 해보면 간접적이나마 불안을 해소할 수 있다. 예를 들어 손에 지저분한 것이 묻었을 때, 손을 20번 씻어야 마음이 놓이는 강박이 있다면 "나는 손을 씻는다.", "나는 손을 또 씻는다. 20번 씻는다." 라는 내용을 반복적으로 말하는 것이다. 언어로 생각이 표현될 때 우리는 그것을 미리 경험하고 예상할 수 있다. 그렇게 말로 하다 보면 20번이나 씻는 것은 지나친 행동이라는 생각이 들고, 불안에 억눌려 있던 이성이 다시 제 역할을 하게 만들 수 있다.

둘째, 강박적인 행동을 하고 싶을 때마다 '바를 정표' 자를 써본다. 손을 계속 씻고 싶거나, 문이 제대로 잠겼는지, 이메일이 제대로 보내졌는지 확인하고 싶을 때마다, 실제로 행동을 취하지 말고 메모지에 선을 하나씩 긋는 것이다. 그렇게 바를 정 자를 쓰고 개수를 확인하면, 자신이 오늘 강박사고에 얼마나 사로잡혀 있었는지 수치화해서 확인할 수 있다. 이런 과정은 자기 객관성을 얻을 수 있는 기회를 갖게 해준다.

셋째, 확인보다는 배려하도록 하자. 불안은 또 다른 불안을 낳을 뿐이다. 김 과장의 사례에서 알 수 있듯이 '3일 전부터, 3번씩, 3명이 확인'하는 그의 철저한 방식이 영업1부의 생산성을 크게 향상시켰을까? 그렇지 않다. 누가 봐도 지나친 꼼꼼함은 불만과 평가절하를 낳는다. 답답하고 비효율적인 방식을 고집한다는 이미지가 생기는 것이다. 인정받기 위해서는 물론 성과가 필요하다. 하지만 개인 혼자가 아닌 조직의 효율성과 성과 측면에서 강박적인 일 처리 방식은 생산성을 심각하게 저하시킨다는 것을 인지해야 한다.

거절당하는 것이 두려워요 _회피성 인격장애

회피성 인격장애avoidant personality disorder는 자기애적 인격장애와 정확히 반대라고 보면 된다. 아래 소개한 선미 씨의 사례는 회피성 인격 성향이 어떤 특징을 나타내고, 대인관계에서 어떤 어려움을 겪는지 잘 보여준다.

> 직장생활 4년째인 선미 씨는 게임 회사의 개발지원 및 홍보 전략팀에서 일하고 있다. 근래 선미 씨의 회사는 새로운 게임 출시를 앞두고 있어서, 특히 개발지원팀이 부쩍 바빠졌다. 게임을 정식으로 서비스하기 전에 테스트하는 CBTClosed Beta Test 시기에는 개발지원팀의 역할이 중요하기 때문이다. 연일 전략 회의가 이어지고, 오늘은 꼭 좋은 아이디어를 기대한다는 팀장의 말에 회의실 안은 금세 긴장감이 고조된다.
> "선미 씨 의견은 어때? SNS 바이럴 홍보를 위한 유튜버로 누가

좋겠어?"

"……."

"미리 생각해두라고 했잖아. 감스트나 대도서관 채널 같은 거 안 봐?"

"아, 보긴 하는데요…."

선미 씨의 모습을 답답하다는 듯이 바라보던 팀장은 이내 다른 직원에게 질문을 돌린다.

사실 선미 씨는 사내에서도 손꼽히는 게임광이다. 평일에 최소 4시간, 주말에는 무려 하루 8시간 이상을 플레이할 정도로 헤비 유저다. 콘솔부터 모바일 게임, 그리고 LOL(리그오브레전드, 일명 '롤' 게임)과 배틀그라운드까지 기기나 장르를 가리지 않는 진정한 게이머이다. 그렇다 보니 그녀는 국내 게임 관련 유튜버는 물론이고 미국, 유럽의 웬만한 게임 채널도 섭렵하고 있었다.

회의 시간에 팀장이 선미 씨에게 질문했을 때 그녀도 하고 싶은 말이 있었다. '감스트는 너무 피파나 축구 콘텐츠에 집중되어 있고, 대도서관은 콘솔 게임 유저로 공중파에 이미 노출이 많이 되어 있어서 두 사람 모두 저희 모바일 RPG 게임 홍보에는 적합하지 않을 것 같습니다' 그녀가 이렇게 속마음을 말하지 못한 이유는, 자신이 책임을 질 수 있을지 두려웠기 때문이다. 이번 게임은 부사장이 직접 보고서를 챙기기까지 하는 기대작이었다. 투자금액만 50억 원 이상이고, 게임 개발에 걸린 시간만 해도 5년이 넘게 걸렸다. 선미 씨는 괜히 자신이 제안한 방식으로 일을 추진했다가 잘못되기라도 하면 전부 자신 탓이라고 할까 봐 걱정되었다. 그래서 나서지 않기로 한 것이다.

"선미 씨, 회의 시간에 팀장님한테 말해보지 그랬어. 턴제 RPG는 빠삭하잖아? 해외 유튜버 방송까지 다 보면서 왜 얘기하지 않은 거야?."

선미 씨의 유일한 동기인 미영 씨의 말이다. 미영 씨는 그녀가 안타까우면서도 참 답답하다. 그녀가 잘 아는 내용인데도 회의 시간에 매번 대답을 안 하기 때문이다. 경력도 실력도 갖췄고, 그녀가 조금만 더 적극적이었으면 이미 한참 전에 팀장이 되었을 것이다. 게임 업계는 나서는 것도 좋아해야 인정받는 곳인데, 늘 자신감이 부족한 선미 씨가 안쓰럽다.

"괜찮아. 다른 사람들 의견도 좋아."

팀장한테 눈총을 받아서 그런지 오늘따라 그녀의 목소리가 더 낮다. 몇몇 직원들과 술 한잔하며 기분 전환하자는 미영 씨의 제안에도 그녀는 묵묵부답이다. 낯가림 심한 이 하나뿐인 동기를 어떻게 해야 할까.

선미 씨처럼 회피성 인격을 가진 사람은 주목받는 것을 싫어하는 기질이 있다. 기질이란 성격의 타고난 특성으로 유전적으로 물려받은 부분을 말한다. 기질을 구성하는 기준 중에는 '새로움 추구Novelty Seeking', '위험 회피Harm Avoidance' 등이 있다.

심리학적 의미에서 새로움 추구는 모두가 "예." 라고 할 때 "아니요." 라고 답할 수 있는 기질이라고 보면 된다. 항상 남들이

가지 않는 길이나 새로운 방식을 찾고, 다른 선택을 시도하는 성향을 말한다. 항상 가던 음식점이 아니라 새로운 맛집을 찾으려하고, 여행지에서도 유명 블로거가 추천한 코스가 아니라 자기만의 새로운 곳을 개척해서 여행하는 것을 즐기는 성향이다.

반대로 위험 회피는 항상 다수의 의견에 따르며 묻어가려는 기질이다. 새로운 것은 위험한 것이고, 익숙한 것이 안전한 것이라는 식의 사고를 말한다. 여행을 해도 호텔에 묵고, 다른 사람의 여행 코스를 그대로 따르는 것이 안심이 되는 성향이다. 당연히 번지점프 같은 마음 졸이는 액티비티는 시도할 일이 없다.

회피성 인격 성향을 가진 사람은 위험 회피 기질이 지나치게 높고, 새로움 추구 기질이 매우 낮다. 이들을 이해할 수 있는 핵심은 바로 '거절에 대한 두려움'이다. 이들은 성공률이 확실한 일에만 도전하고 다른 모험을 하지 않는다. 대학에 갈 때도 100퍼센트 안전 지원을 하고, 직장에 이력서를 낼 때도 마찬가지이다. 경쟁과 실패를 극히 두려워하여 떨어질 것 같은 학교나 대기업은 웬만하면 지원하지 않는다. 심지어 서류 심사를 통과하고도 2차 면접에 나가지 못하는 경우도 있다. 도망치는 게 떨어지는 것보다 낫다고 생각하기 때문이다.

이런 성향은 아동기나 학창 시절 초기부터 나타나는데, 친구를 사귈 때 가까운 한두 명하고만 깊은 관계를 유지하는 것이 대표적이다. 인간관계에 대한 이들의 위기는 중학교 혹은 고등학교 진학 시점에 온다. 친한 친구와 떨어질 수 있는 위험이 생기기 때문이다. 최소한 그 친구와 같은 학교를 가야 안심이 되는데, 그렇지 못할 경우 엄청난 낯가림과 고충을 감수하고 새 친구를 사귀어야 한다. 대학교에 입학할 때는 더욱 심하다. 자신과 친구가 완전히 다른 지역으로 떨어져 진학할 가능성이 높기 때문이다. 그야말로 친구와 생이별을 하는 것이다. 이처럼 회피성 인격의 사회적 회피와 불안 증상은 어린 시절부터 나타나는 경우가 많다.

회피성 인격장애의 특징

* 비난이나 거절에 대한 두려움 때문에 대인관계를 피한다.
* 낯가림이 심하고 수줍음이 많아서 새로운 사람을 만나는 것을 꺼린다.
* 자신이 나서거나 주목받는 것을 싫어한다.
* 새로운 활동이나 시도를 피한다.

그러면 회피성 인격 성향을 가진 사람과의 대인관계에서는 어떤 점을 고려해야 할까? 먼저 이들의 부끄러움이 자기 노출과 밀접한 연관이 있음을 이해해야 한다. 이들은 자신의 약한 부분을 드러내야 하는 상황을 매우 두려워한다. 수치심이란 자신의 내적 기준을 충족시키지 못하기 때문에 스스로를 불충분하다고 여기는 것이다. 이들은 자아 이상이 높아서 엄격한 기준을 자신에게 적용하고, 남이 아닌 스스로의 평가에 괴로워하는 유형이다. 자신을 약하고 못난 사람으로 인식하기에, 다른 사람과 언쟁하거나 토론하는 것을 피하는 것이다. 몸으로 부대끼는 일은 말할 것도 없다. 이들은 지하철에서 남에게 발을 밟히고 밀쳐 넘어질 뻔하고, 줄을 섰는데 새치기를 당해도 화를 내지 못한다. 속으로만 꾹꾹 참고 짜증도 내지 못한다.

회피성 인격의 사람은 사회 공포증을 함께 가진 경우가 많다. 남들 앞에서 발표하거나, 팀별 프로젝트에서 조장 같은 지위를 맡는 일을 극도로 꺼린다. 어쩔 수 없이 무대 위에서 발표해야 할 때는 본인의 역량을 거의 보여주지 못하고, 말을 더듬거나 얼굴이 빨개져서 내려오는 경우가 많다.

이들은 사적인 대인관계에서는 좀 편하게 느낄까? 그렇지 않다. 심지어 연인 관계에서도 불만이나 원하는 바를 당당히 전달하지 못하고 속으로 삭인다. 회피성 성향이 심한 경우는 연인 관계가 발전되어 상견례 같은 모임이나 이벤트를 앞두고, 극도의 불안과 공황증상을 호소하는 사람들도 있다. 이들은 관계가 더 깊어질수록 '내가 망쳐버리면 어떡하지?', '실수하면 어쩌지?' 하는 초조감이 심해져 상견례를 계속 미루거나 당일에 숨어버리는 일도 있다.

또 회피성 인격 성향이 심한 사람은 상대와 헤어질 때 만나서 사실을 이해시키려는 노력 없이 일방적으로 연락을 끊고 잠수를 타기도 한다. 직접 대면해서 상대방의 부정적인 반응, 비난을 감수할 용기가 없는 것이다.

이들 역시 자신의 회피 성향을 누구보다 싫어하고 부끄러워한다. 하지만 그 자책이 회피 성향을 더욱 공고하게 만드는 악순환이 된다. 그럼 어떻게 이런 회피적인 태도를 바꿀 수 있을까?

첫째, 단계적으로 감정을 표현하자. 동료나 상사에게 꼭 하고 싶은 말이 있다면 점진적으로 표현해보는 것이다. 회피성 인격의 사람은 상대방이 오늘은 기분이 안 좋아 보여서, 바빠 보여서 등과 같이 갖은 핑계를 대며 말하는 것을 미루려고 한다. 하지만 이런 감정이 내부로 쌓여서 굳어지면 관성이 생긴다. 미루고 참는 관성이 모여 회피적인 태도를 만드는 것이다. 이때 중요한 점은 나의 '불안의 역치(閾值, 반응을 일으키는 최소한의 자극의 세기)'를 낮추는 데 있다. 그러기 위해서는 단계적 접근이 필요하다. 하루에 조금씩 일정 부분만 표현하는 것이다. 울컥한 마음에 한번에 감정을 쏟아내 버리면 이성적인 전달이 어렵다. 감정에 치우치지 않고 오늘은 내가 하고 싶은 말의 10분의 1만 표현한다는 마음가짐이 좋다. 대화도 관계도 '시작'이 가장 중요하다. 우선 시작해버리고 나면 불안감은 절반 이하로 줄어든다.

둘째, '미러링 화법'을 사용해보자. 회피성 인격을 가진 사람은 대화에 익숙하지 못하고 관계 형성에 자신감이 없다. 특히 언쟁이나 감정적인 말이 오갈 때 하고 싶은 말을 제대로 전달하지 못할 경우가 많다. 갈등이 고조되는 분위기와 경쟁적인 긴장감을 견디기 힘들기 때문이다. 이럴 때는 상대방의 어조, 말투, 단어를 흉내 내는 미러링 화법을 쓰면 초조한 마음이 줄고 큰 어려움 없이 대화를 이어갈 수 있다.

예를 들어 상사가 "마케팅 전략 아이템이 부실해! 어떻게 생각하나?" 라고 물으면, "아이템이 조금 부실한 것 같습니다. 부장님 말씀대로 디벨롭이 필요합니다." 라고 답하는 식이다. 사실 이 부하직원의 대답에 콘텐츠는 하나도 없다. 그저 상사의 말을 되풀이한 것뿐이다. 하지만 세련된 대화를 구사하는 사람들은 특별히 자기 의견을 섞지 않고도 자연스럽게 대화를 이어나갈 줄 안다. 상대방의 말을 그대로 기억했다가 되돌려주는 것만으로도 공감받고 있다는 느낌을 타인에게 주기 때문이다.

미러링 화법을 사용하는 대표적 인물을 꼽자면 유재석을 들 수 있다. 그는 억세고 무서운 선배 방송인들 사이에서 억지스럽지 않으면서도 자신의 감정을 자연스럽게 한마디 정도만 녹여내서 덧붙이는 데 능숙하다. 단순히 앵무새처럼 타인의 말을 반복하기만 하는 느낌도 없다. 예를 들어 매번 화내고 버럭 소리를 지르는 박명수의 말에 감정적으로 위축될 만도 한데 여유 있게 그 말을 되돌려주는 방법을 안다.

셋째, 감정적으로 반응하지 말고 시간을 갖고 대응하자. 상대방의 말에 상처받으면 자존감이 낮아지고 예민해진다. 또 감정이 상한 만큼 수동 공격적이 되는 성향이 있는데, 이럴 때는 내 생각과 다르게 말이 까칠하게 나오기도 한다. 팀장이 뜬금없이 내게 화를 냈다고 해보자. 내가 실수한 것도 아닌데 자꾸 화풀이하고 소리를 지르는 것이다. 이럴 때는 우선 대꾸하지 않고 이 순간을 넘기는 것이 첫 번째 포인트다. 상사의 악담을 듣고만 있기 억울하고, 반론을 펼치고 싶고, 당장 표현하고 싶은 마음이 가득할

테지만 기다려야 한다. 이런 경우 상사의 뇌는 감정적인 에너지로 꽉 차 있어서 어차피 이성적인 대화를 할 수 없는 상태다.

또한 시간을 갖고 나중에 대화를 시도할 때 다음과 같은 식으로 말해서는 안 된다. "팀장님, 지난주에 하신 말씀 너무 심하셨어요. 저를 무시하는 것 같아요." 이렇게 얘기를 꺼내면 감정적인 반응만 돌아올 수 있다. "이 대리, 상사한테 말버릇이 그게 뭐야? 어디 한번 해보자는 거야?" 말의 내용에 대한 숙고 없이 감정만 오가다 싸움이 되는 것이다.

따라서 두 번째 포인트는 자신이 지적하는 것이 아니라, 상대방이 스스로 돌아보게 만드는 것이다. "팀장님, 지난주에 하신 말씀을 제가 충분히 이해하지 못한 것 같습니다." 라거나, "팀장님께 제 의사를 정확히 전달하지 못해서 착오가 생긴 것 같습니다." 라는 식으로 답하는 것이다. 이렇게 말하면 상사는 "내가 지난주에 뭐라고 했지? 어떤 식으로 얘기했지?" 하면서 자신을 돌아볼 것이다. 지난주 상사의 뇌는 분노와 부정적인 감정으로 가득했지만, 시간이 흐른 이번 주에는 중립적인 부분이 작동한다. 좀 더 이성적이고 객관적인 자기 판단이 가능해진다는 뜻이다.

대화할 때 위 세 가지 방식을 참고하여 대인관계에 적용해보자. 불편한 상황과 부담스러운 사람을 대할 때도 피하지 말고 관계를 만들어나가 보자. 그 순간에 닥치는 압박감, 도망가고 싶은 충동으로부터 내 마음을 표현하는 연습을 자주 해보자. 그러면 어느 사이엔가 더 이상 위축되지 않고, 타인을 바라보고 피하지 않는 나의 모습을 만날 수 있을 것이다.

혼자서는 아무것도 할 수 없어 _의존성 인격장애

C군 인격장애로서 마지막으로 살펴볼 내용은 의존성 인격장애 dependent personality disorder이다. '의존'이라는 단어에서 짐작할 수 있 듯이, 이 인격 성향을 가진 사람의 대표적인 특징은 혼자 있기를 불안해하는 것이다. 가족이건 친구건 연인이건 누군가에게 항상 기댈 곳이 있어야 안심한다.

흔히 '의존적'이라는 말은 부정적, 열등한 것으로 해석되기도 하는데, 사실 모든 인간에게 완전한 독립이란 가능하지도 않으 며 건강한 것도 아니다. 우리 자신을 유지하고 자존감을 지탱하 기 위해서는 많은 사람의 인정과 교감, 공감, 믿음, 존중을 필요로 한다. 공동체에 의지하고, 가족을 형성하려는 마음 역시 의존적 인 본능으로 해석할 수 있다.

한편 홀로 있는 시간을 못 견뎌서 계속 연달아 이성을 사귀 는 사람들이 있는데, 이들의 외로움은 애착 형성 과정에서 기인 한다. 어머니를 대신할 대상을 끝없이 찾아 헤매듯이 나를 지지 하고 보호해줄 누군가를 찾는 것이다. 이들은 연애든 일이든 모 든 분야의 활동에 대한 의사결정을 할 때 언제나 혼자가 아닌 둘 이상의 확인을 하려는 성향이 있다. 이처럼 의존성 인격 성향의 사람은 혼자 일하는 것보다 여럿이 함께 일하는 것에서 안정감을 갖기에, 팀으로 운영되는 곳에서 본인의 능력을 더 잘 발휘하곤 한다. 주인공보다는 팀의 일원이고 싶어 하는 것이다.

문제는 의존성의 정도가 지나친 경우다. 의존성 인격 성향을 가진 사람은 혼자서는 자기 자신을 지킬 수 없고 누군가의 도움이 필요하다고 생각한다. 마치 어린아이처럼 말이다. 대학 진학, 취업, 결혼 등 자기 인생의 중요한 일에 대한 의사결정을 타인에게 전가하고 책임질 것을 요구하는 성향이 있다.

동훈 씨의 사례를 참고하여 의존성 인격 성향은 어떤 특징을 나타내는지 좀 더 자세히 살펴보자.

31살 동훈 씨는 누나가 셋인 가정의 3대 독자로, 결혼한 지 갓 6개월이 되었다. 동훈 씨는 지금껏 부모의 사랑을 독차지하고 금이야 옥이야 고생을 모르고 자랐다. 하지만 부모의 과잉보호로 인해 동훈 씨는 인생 전반에 걸쳐 스스로 결정을 내리고 삶을 이끌어가는 방법을 배우지 못했다. 그는 중학교, 고등학교는 물론 대학교까지 어머니의 의견대로 진학했다. 누나들은 변변한 지원을 받지도 못한 데 반해, 동훈 씨는 이것저것 남부럽지 않을 사교육을 받았다. 그러나 유감스럽게도 성적은 늘 하위권이었다. 부모의 과도한 애정이 동훈 씨의 인내심과 반드시 해내겠다는 의지를 약하게 만들었다고도 볼 수 있다.

약사인 어머니는 고민 끝에 아들을 어느 지방대학 물리치료학과로 보냈다. 하지만 동훈 씨는 대학에 가서도 공부는 물론 동아리나 선후배 관계 등 대학 생활에 큰 흥미를 느끼지 못했다. 그렇게 동훈 씨는 1학년을 마치고, 그나마 가장 친했던 동기와 동반 입대를 했다. 귀하게만 자란 동훈 씨에게 군대는 가혹한 곳이었지만, 친구 덕에 큰 사고 없이 제대하게 되었다.

대학교에 복학한 후에도 동훈 씨는 여전히 학교에 정을 못 붙이고 갈팡질팡했다. 신입생이나 후배들과 함께 공부하는 것도 적응하기 어려웠다. 이렇게 겉도는 동훈 씨의 모습에서 동기인 지영 씨는 자신의 못난 아버지와 어린 남동생의 얼굴이 겹쳐 떠올랐다. 그를 보호해주고 챙겨주고 싶다는 마음이 생겼다. 이후 지영 씨는 수업 자료나 PPT 만들기, 시험 족보 등 하나부터 열까지 동훈 씨를 챙겨주었다. 그렇게 동훈 씨의 첫 연애가 시작되었다. 이런 모습을 지켜본 같은 과 친구들은 지영 씨를 "동훈이 엄마"라고 불렀다.

하지만 졸업을 맞아 동훈 씨와 지영 씨 커플은 위기를 맞게 되었다. 지영 씨는 서울의 종합병원으로 취직했지만, 동훈 씨는 떨어졌기 때문이다.

"다른 병원이라도 취직해."

"너랑 같은 병원이 아니면 가기 싫어."

"그럼 어떻게 할 건데?"

"우선 엄마 약국에서 일 도우면서 지내려고…. 서울에 있으면 만나기도 쉽고 좋잖아."

"물리치료사 일은 계속할 거지?"

"모르겠어. 네 생각은 어떤데?"

"왜 그걸 나한테 물어봐? 그러면 물리치료학과는 왜 선택했는데?"

"엄마가 가라고 해서."

지영 씨는 이 일을 계기로 동훈 씨가 질려버렸고, 그와 헤어지기로 마음먹었다. 이렇게 동훈 씨의 첫 연애가 끝났다. 한동안 이별 후유증을 심하게 겪었지만, 동훈 씨는 졸업 후 다시 서울에서 지내면서 어머니와 누나들 덕에 안정을 찾았다. 노량진에 있는 어머니 약국이 잘되었기에 일자리도, 경제적인 부분도 별다른 문제가 없었다. 어머니와 함께 일하면 안심이 되었다. 4년 동안 약국에서 일하면서 동훈 씨는 처음에는 약대 편입 시험을 준비하다가 그만두고, 부동산중개사 시험을 준비했다. 하지만 그마저도 중간에 포기했다. 절실하고 간절하게 매달릴 필요가 없었기 때문이다.

30살이 되었을 때 어머니는 동훈 씨에게 선을 보라고 했고, 그 중 한 명과 만나게 되었다. 딱히 끌려서 사귀게 된 것이 아니어서 결혼을 주저하고 있었는데, 동훈 씨 어머니가 강하게 밀어붙였다. 여자 친구가 초등학교 교사인 것이 마음에 들었기 때문이다. 결혼 후에도 동훈 씨의 삶은 크게 달라진 게 없다. 자동차를 살 때, 아파트를 고를 때, 저축과 재테크를 하는 것도 항상 어머니와 아내가 결정해주기 때문이다.

이런 동훈 씨의 모습은 회피성 인격 성향을 떠올리게도 하지만, 그것과 의존성 인격 성향은 구분되는 점이 있다. 회피성 성향을 가진 사람은 인간관계 자체를 피하고 새로운 만남을 두려워한다. 모든 결정에서 '나만 아니면 돼' 하는 생각을 한다. 한편 의존성 인격 성향을 가진 사람은 항상 나를 돌봐줄 누군가가 반드시 필요하고, 보호자가 떠나면 새로운 대체자를 열심히 찾는다. 이들은 다른 사람이 해주는 결정에 안도감을 느낀다.

계속 의지할 수 있는 대상을 갈구하는 것은 술이나 담배 같은 물질의존 또는 물질중독과 일맥상통하는 바가 있다('의존성'과 '중독'은 빈도와 강도의 차이는 있지만 연장선상에 있는 개념으로 볼 수 있다). 의존성 인격 성향도 술이나 담배처럼 금단증상을 겪는다는 뜻이다. 보호자가 사라졌을 때 새로운 대상을 찾지 않으면 초조한 마음이 사라지지 않는다. 손이 떨리고 안절부절못하고, 불면증이 생기기도 한다.

과거에는 의존성 인격 성향이 남성보다 여성에게 더 많이 발견된다는 학계의 선입견이 있었다. 순종적이고 누구에게 의지하려 한다는 의존성 인격의 특징을 전통적인 여성의 프레임에 끼워 맞춰 해석한 탓이다. 이러한 문화적 편견으로 인해 여성이 의존적인 것이 남성이 의존적인 경우보다 좀 더 수용되는 경향이 있었다. 하지만 지금은 무척 다르다. 마마보이가 마마걸 또는 파파걸보다 훨씬 많다.

과거의 정신분석학자들은 의존 욕구를 구강기적 고착이라고 보았다. 모유에 집착하는 것이기에 입에 무엇인가 물고 있을 것이 필요하고, 그래서 술이나 담배 등에 의존하게 된다고 생각했다. 구강기는 심리성적 발달단계psychosexual development의 초기 1단계로, 이 시기에 머물러 있는 것은 가장 미성숙한 상태라고 보았다.

하지만 프로이트의 이론을 넘어 현대 심리학적 관점에서 보면 의존 욕구를 그렇게 미성숙한 것으로 볼 수는 없다. 과거에 비해 현대사회는 타인과의 교류가 훨씬 더 중요해졌고, 강한 유대감이 개인의 불안을 감소하는 데 무척 중요해졌기 때문이다. 오늘날 사회는 양적으로 매우 발달했지만, 질적으로는 더 좁고 외로워졌다. 이를테면 스마트폰으로 지구 반대편의 친구와도 영상통화를 할 수 있게 되었지만, 우리는 과거보다 더 행복해졌다고 느끼기는 힘들다. 양극화가 심해졌고, 정치, 경제에 걸쳐서 전반적으로 성장 동력을 잃고 휘청거리게 되었다. 갈등과 분열이 조장되고 이 같은 사태를 즐기기까지 한다. 이런 가운데 넘쳐나는 정보는 우리를 더욱더 불안하게 만든다. 환경적 긴장감이 개인으로 하여금 가족의 유대에 더 매달리게 함으로써 부모와 자식 간의 적절한 분리, 즉 독립할 타이밍을 망각하게 만들어버린다. 과도한 애정이 불안정한 애착 관계를 형성하는 모순에 빠지는 것이다.

그렇다고 위 사례의 동훈 씨가 30살이 넘어서도 마마보이가 된 것이 사회나 부모의 탓만은 아니다. 내면의 불안을 다스리는 방법을 터득하지 못한 본인의 책임도 크다. 그의 약한 자아는 다른 여러 가지 어려운 방법 대신에, 가장 즉각적이고 고통이 적은 방법인 '의존'을 택했다. 어머니에게 의존했던 감정을 첫 번째 여자 친구인 지영 씨에게 오버랩시켰고, 현재는 그의 아내에게 감정적 전이가 무의식적으로 반복되고 있는 것이다.

동훈 씨의 경우 무의식 속에 숨어 있는 불안을 억지로 끄집어 내어 다루기에는 그의 자아 강도가 약하다. 따라서 오랜 기간에 걸쳐 의존성을 긍정적으로 전이하는 경험이 필요하다. 상담사나 정신과 의사처럼 치료적인 입장을 견지하며 그의 곁을 인내심 있게 지켜볼 수 있는 사람이 필요하다는 뜻이다.

동훈 씨의 첫 여자 친구인 지영 씨는 연상이었고, 도덕적 자기애에 집착하는 경향이 있었다. 불쌍하고 약한 것을 보면 지나치지 못했고 과도한 희생정신이 있었으며, 그런 자신을 사랑했다. 친구들이 "동훈이 엄마"라고 비꼬면서 놀려도 그 소리가 내심 싫지 않았던 것은 지영 씨의 보호 본능과 '나는 정말 희생적이고 착한 여자 친구야'라는 심리적 허영을 충족시켜 주었기에 가능한 일이었다. 그녀도 얻는 것이 있었던 것이다.

지영 씨의 경우 사업에 실패하고 빚쟁이로부터 숨어 사는 아버지와 말을 더듬고 지능이 낮은 남동생을 부끄러워하며 성장했다. 어린 그녀에게 남성이란 책임감 없고 비겁하며 약한 존재로 인식되었다. 하지만 이런 무시와 미움의 이면에는 죄책감이 동전의 양면처럼 항상 남아 있었기에, 대학에서 만난 동훈 씨를 차마 지나쳐버리지 못했던 것이다.

운 좋게도 동훈 씨의 아내가 지영 씨 이상으로 희생적이고 헌신적인 사람이라면 두 사람의 결혼생활은 별 무리 없이 유지될 것이다. 그러나 일방적인 희생을 강요하는 부부 관계는 애초에 잘못된 것이며 건강하지 못하다. 그의 아내가 인내심의 최대치를 넘기 전에 동훈 씨의 삶의 태도에 긍정적인 자각이 생기길 바란다.

의존성 인격장애의 특징

- 독립적, 주체적 행동을 하지 못한다.
- 타인의 조언 없이는 판단하지 못하며, 타인의 결정에 전적으로 의존한다.
- 보호자나 가까운 사람에게 지나치게 순종적이다.
- 책임져야 하는 상황을 극히 두려워한다.

의존성 인격 성향의 사람이 맞는 위기 상황은 크게 두 가지다.

첫째, 의지할 대상이 죽거나 자신을 떠난 경우다. 이러한 상황에서 이들은 극도의 두려움과 불안으로 자신을 망가뜨리는 행위를 한다. 술을 심하게 마시고, 충동적이고 문란한 성적 행동을 하며, 심할 때는 자해까지 한다. 이 같은 위기에서 이들은 아주 불안정하며 유혹에 취약하다. 타인을 불신하면서도 남의 말에 쉽게 넘어가 사기를 당하기도 한다. 자신을 지켜주겠다는 달콤한 말에 나쁜 사람을 만나거나, 큰돈을 서슴없이 빌려주기도 한다. 사이비 종교에 넘어가 재산을 탕진하는 사례도 많다. 이들의 방황은 새롭게 의존할 대상을 찾고 나서야 비로소 멈춘다.

둘째, 의지할 수 있는 유일한 대상이 아주 나쁜 사람(예컨대 반사회적 인격 성향의 사람이거나 범죄자 등)인 경우다. 이때 의존성 인격 성향과 반사회적 인격 성향의 사람이 커플이 되는 것은 최악의 결합이다. 정신분석학에서는 이를 대표적인 '병적 결합pathologic bonding'으로 판단한다. 반사회적 성향의 사람이 의도적으로 의존성 인격 성향의 사람을 세뇌하고 길들이고 가스라이팅(gaslighting, 타인의 심리나 상황을 교묘하게 조작해 지배력을 강화하는 행위) 하는 것이다. 의존성 인격 성향의 사람은 학대당하면서도 자신이 가해자를 떠나서 자립할 자신이 없기에 해로운 유대관계를 계속 이어간다.

극단적인 예이기는 하지만 웹툰 〈후레자식〉을 보면, 아버지가 사이코패스 살인마인 것을 알면서도 이를 신고하지 못하고 살인을 돕기까지 하는 아들이 등장한다. 양심의 가책을 계속 느끼면서도 아들은 혼자가 될까 봐, 그리고 사회적 낙인이 두려워 아버지를 거역하지 못한다. 좀 더 일반적인 예로는 알코올중독자이거나 도박중독자인 남편에게 구타당하면서도 이혼하지 않는 아내를 들 수 있다. 심지어 이혼한 뒤에도 비슷한 성향의 남자를 다시 만나 학대당하는 사람도 있다.

이들이 가해자인 상대방에게 그토록 고통받고도 관계를 끊어내지 못하거나 똑같은 사람을 다시 만나는 이유는 학습된 무기력 때문이다. 아주 오랜 시간 타인의 세뇌와 학대가 반복되다 보니 스스로 자책하는 습관이 형성된 것이다.

그렇다면 의존성 인격 성향을 극복하기 위해서는 어떻게 해야 할까?

첫째, 자율성과 정체성을 되찾도록 노력하자. 이를 위해서는 학습된 무기력을 극복해야 한다. 서커스에서 어린 코끼리를 훈련할 때 도망가지 못하도록 한쪽 다리에 밧줄을 묶어놓는다. 그러면 이후 어른이 된 코끼리는 말뚝은 물론이거니와 서커스 천막 전체를 부술 만한 힘이 있음에도, 무기력이 학습되어 도망치지 못한다. 그럴 능력이 있다는 것을 코끼리 자신만 모르는 것이다.

의존성 인격 성향의 사람도 마찬가지이다. 자신을 아주 약하고 초라하게 여긴 나머지, 다른 사람의 도움 없이는 살 수 없다고 단정 짓는 것이다. 누가 나를 지켜줘야만 살 수 있는 작은 안식처에 안주해버리는 것이다. 좁은 서커스 천막 안의 코끼리처럼 말이다. 더 이상 자신을 과소평가하지 말고 정체성을 되찾기 위해 노력하자. 자신이 누구인지를 알아야만 왜곡된 선입관을 넘어 자존감을 되찾을 수 있다. '과연 내가 할 수 있을까? 아니, 난 못할 거야'라고 되뇌며 똑같은 행동을 답습할 수도 있다. 오랜 세월 이어진 기질과 관성이 계속 작동할 가능성이 높기 때문이다.

이런 경우는 자신보다 타인의 평가를 적극 수용할 필요가 있다. 내가 어떤 사람인지에 대한 평가를 신뢰할 만한 타인에게 맡겨보는 것이다. 적어도 중립적이고 객관적으로 자신을 판단할 기회를 가질 수 있다. 나의 자존감을 바로 세우기 위한 근거로 타인의 평가를 필요로 한다는 것은 모순적이지만, 의존성 인격 성향의 사람에 한해서는 예외다. 이들은 세상에서 자신을 가장 과소평가하는 사람들이기 때문이다.

둘째, 타인이 아닌 나 자신에게 의지하자. '또 혼자 남겨졌구나 어떡하지? 빨리 나를 구해줄 사람을 찾아야 해!' 이런 생각에서 벗어나야 한다. 이것은 일종의 공황이다. 심한 불안에 빠진 뇌가 몸 전체에 응급 신호를 보낸 탓에, 정신이 혼란스럽고 통제가 되지 않는 것이다. 이처럼 사이렌이 울렸을 때는 당황하지 말고 차분하게 대응해야 한다. 불안의 시그널은 당황하라고 보내는 것이 아니라 침착하라고 보내는 것임을 기억하자.

의지할 사람이 나를 떠나 혼자가 되었을 때, 당신을 구할 가장 가까운 사람은 오직 당신 자신이다. 나에게는 내가 있다는 사실을 되새기며 숨을 가다듬도록 하자. 특히 나쁜 상대로부터 상처받은 직후 무너져버린 정신과 인지능력으로 또 누군가를 만나도 똑같이 나쁜 사람을 만나 이용당할 가능성이 높다. 의존성 인격 성향의 사람은 정이 많고 자아가 취약한 특징이 있어서 이를 노리고 이용하려는 사람들이 많다. 따라서 자존감을 회복하는 데 집중하고, 타인이 아닌 자기 자신에게 의지하고 나아갈 수 있어야 한다.

셋째, 연대를 형성하자. 아무리 노력한다고 하더라도 이들의 의존 성향상 또 누군가에게 의지하고 싶은 욕구나 위기의 순간이 온다. 극복은 어렵고 포기는 쉽다. 불안과 맞닥뜨릴 때 싸울 것이냐 도망칠 것이냐의 선택의 순간, 이들은 보통 타인에게로 회피하는 것을 선택한다.

이런 경우는 일방적 의존 및 피의존의 관계가 아닌 상호 의존 관계를 만드는 것이 해법이 될 수 있다. 자신과 비슷한 성향을 가진 의존성 인격 성향 사람들의 연대를 만들고, 서로를 모니터링해주고 응원해주는 것이다. 이때 연대는 가급적 동성이고, 나이대가 비슷한 사람들끼리 형성하는 것이 좋다. 이성이거나 나이차가 많이 나면 자연스럽게 한쪽이 다른 한쪽에 의존하는 상황이 생길 수 있기 때문이다. 최대한 동질감 있고 평등한 연대의식이 생길 수 있는 환경을 만드는 것이 중요하다.

상사병上司病에 걸렸지만
퇴사는 안 할 건데요

모두가 처음에 입사할 때는 막내이자 말단이다. 첫 출근 후 내가 만나는 모든 사람이 선임이고 상사다. 자영업자나 프리랜서라고 다를까? 자영업자는 동사무소나 보건소, 구청, 식약청 등의 직원이나 이해관계자가 상사와 다를 바 없다. 외주 프리랜서는 모든 클라이언트가 상사다.

아무튼 조금의 빈틈만 보여도 매의 눈으로 파고들어 '잔소리+잘난 척+나 때는 말이야'로 시작되는 훈수와 인생 상담까지 설파하는 꼰대들로 가득한 곳, 바로 당신의 일터다.

업종과 직종을 불문하고 모든 조직의 상사는 한결같다. 대부분 꼰대이다. 상사가 젊다고 해도 예외일 수 없고, 개방적인 사고를 갖고 있다고 해도 달라질 것은 없다. 상사는 모두 꼰대이다. 덜한 꼰대, 더한 꼰대가 있을 뿐.

즐거운 직장이란 말 자체가 모순되는 것이듯 '친절하고 좋은 상사', '친구 같은 상사' 역시 세상에 없는 말이다. 비단 직장 내 스트레스의 근원이 상사뿐만은 아니지만 부하직원과 동료와의 갈등과는 결이 다른 숨 막힘을 선사하는 장본인은 역시 상사다. 이들의 막말과 폭언, 상명하복에 따른 무조건적 지시, 불합리한 요구, 비하와 조롱, 과도한 감시, 화풀이 등 이른바 '상사 갑질'은 시간이 지나도 적응하기 힘들다. 요즘은 상사가 부하직원의 눈치를 더 본다는 말도 있지만, 아무리 세상이 많이 달라졌다고 해도 상사는 항상 어렵다.

대학병원이야말로 군대식 상명하복과 보수적인 조직문화의 정점 같은 곳이다. 2007년에 방영된 드라마 〈하얀거탑〉은 병원 조직 내 다양한 인간 군상의 모습과 의학계의 이면을 적나라하게 보여주어 큰 인기를 끌었다.

극 중 대학병원 교수인 장준혁이 자신을 번거롭게 하는 한 레지던트에게 "명인대학병원에 계속 남고 싶지 않아?" 라고 던진 대사는 이런 권위적인 위계 문화를 잘 드러낸다. 수술 합병증으로 인해 환자의 생명을 좌우할 만큼 중요한 보고였으나, VIP 환자의 수술을 위해 급히 왕진을 가는 장준혁이 귀찮은 태도로 '그런 것도 제대로 알아서 못해' 라는 식의 권위를 행사한 것이다.

지금은 세상이 많이 달라졌지만 2000년대까지만 해도 인턴이나 레지던트는 감히 교수에게 눈도 마주치기 어려웠다. 절대 복종만이 존재했고, 이유를 묻거나 자신의 의견을 피력하면 건방

지다라는 말을 들었다. 외과나 흉부외과, 정형외과 등의 분야는 특히 더 심했다. 교수와의 관계에서만 위력이 성립되는 것이 아니라 실습 나온 의대생은 인턴에게, 인턴은 레지던트 1년 차에게 절대적인 을이었다. 마찬가지로 레지던트 1년 차는 2년 차에게 고양이 앞에 쥐였으며, 치프라고 불리는 4년 차는 그야말로 절대 권력을 휘둘렀다. 예를 들면 자신이 개인사로 기분이 나쁜 날에는 걸핏하면 '벌당'을 지시했다. 벌당이란 벌로 당직을 서는 것을 말한다. 1년 차는 보통 이틀에 한 번 당직을 서고, 2년 차는 3일에 한 번 정도 당직을 서는데, 이런 루틴과 상관없이 자기 아래 모든 연차가 매일 당직을 서고 집에 못 가는 것이다. 야근이 아니라 그냥 치프의 기분이 풀릴 때까지 며칠이든 일주일이든 집에 못 간다는 뜻이다.

대략 30살 치프의 권력이 이 정도인데, 그 위에 펠로우, 조교수, 부교수 단계를 넘어 정교수, 그 위에 과장, 주임교수의 위세는 어떠했겠는가.

학생 시절 실습 때 같은 조 여학생이 몸이 너무 안 좋은 날이 있었다. 매사에 성실하고 모범적인 동기였는데, 비틀거리며 일할 수 없는 모습을 본 것은 그때가 처음이었다. 조원들이 너무 걱정되어 더 이상 참지 말고 학생 담당 레지던트에게 조퇴를 얘기해 볼 것을 권유했다. 그런데 당시 학생 담당 레지던트는 이렇게 말했다. "쓰러지기 전까지는 얘기도 꺼내지 마. 요새 학생들은 너무 나약하네."

그 레지던트는 우리와 3살 차이였는데, "요새 학생들"이라며 훈수만 들었다. 3년 만에 세대가 확 바뀌기라도 한 것일까. 그렇지 않다. 바뀐 것은 그녀의 의사 가운에 새겨진 '전공의'라는 직책이었을 것이다. 의사고시와 인턴, 전공의 지원 시험이라는 난관을 거친 나와 너희는 아득한 거리가 있다는 권위의식이 그녀로 하여금 그런 말을 내뱉게 했을 것이다.

그러면 다른 직종은 병원보다 덜할까? 전혀 그렇지 않다. 동네 편의점의 경우만 해도 점주와 점장, 부점장, 정규직원, 아르바이트라는 직책이 있다. 한 달에 두세 번씩 찾아와 잔소리하는 본사 직원도 상사다.

공무원은 어떨까? 선호도가 높고 안정적인 직업은 상사의 꼰대스러움이 덜할까? 공무원의 직급체계는 병원 이상으로 위계질서가 강력하다. 그리고 철밥통이란 의미는 나에게 해당되는 것은 아니다. 보기 싫은 꼰대 상사가 직장을 절대 옮기지 않거나, 그만두지 않을 가능성이 높다는 뜻이기도 하다. 배려심 없고 막말이나 일삼는 무능한 상사 밑에서 10년, 20년을 버티느니 차라리 때려치우고 싶은데, 힘들게 고생해서 통과한 공무원시험을 생각하면 한숨만 나온다. 노량진 컵밥과 2평짜리 고시원에서 지내던 때를 생각하면 도저히 그만둘 용기가 생기지 않는 것이다.

상사와 잘 지내는 매뉴얼이란 것이 존재한다면 좋겠지만, 우리가 대하는 상사의 캐릭터는 너무나 다양해서 일반적인 기준을 적용하기에는 무리가 있다. 어느 직장에나 도저히 이해할 수 없는 사람 몇 명은 존재하고, 이런 상사에 대해 우리는 다음과 같이 단정 짓는 경향이 있다. '내가 아무리 잘한다고 해도, 나를 좋게 봐주지 않을 거야', '상사에게 찍혔으니 그걸로 끝이야. 나에 대한 평가는 변하지 않을 거야', '어차피 이상한 사람이니까, 저 상사와는 잘 지낼 필요도 없어' 라고 말이다.

하지만 대인관계에서 이 같은 선입관을 갖는 것은 큰 실수다. 직장 내 대인관계의 기본은 내 편을 만드는 것보다 원수를 만들지 않는 것이다. 작고 좁은 집단일수록 더욱 그렇다. 아무리 불편한 상사라도 대놓고 적대적인 관계까지 이르지 않도록 노력은 해야 한다.

인사를 잘하는 것이 공감의 시작이다

인사를 잘하는 것은 누구나 알고 있는 사회적 에티켓이지만 의외로 이를 잘 행하는 사람은 많지 않다. 편한 사람을 대할 때는 자연스럽게 웃으며 인사하게 되지만, 어렵고 불편한 사람을 만났을 때는 인사하기조차 쉽지 않다. 하지만 인사는 오히려 싫은 사람과의 관계에서 그 위력이 발휘된다.

레지던트 시절, 유독 나에게 엄격했던 교수님이 계셨다. 내가 발표할 때나 회진을 돌 때 1년 차로서는 대답하기 어려운 질문을 많이 하셨고, 이런저런 일로 참 많이도 혼났다. 주변의 동기나 선배들의 눈에도 그렇게 보였는지 "교수님이 너한테 더 까다롭게 대하는 것 같아." 라는 말을 할 정도였다.

'정말 나를 미워하는 게 아닐까?' 라고 느낄 때도 많았다. 심지어 내가 정중하게 인사하는 모습에도, "과도하게 잘 보이려는 마음이 더 얄팍해 보여." 라며 그 태도를 고치라고 하셨다.

"너 높은 사람을 대할 때는 이렇게 예의 바른 척하고, 아랫사람한테는 거만하게 대하는 거 다 알아." 라는 말까지 하셔서 무척 속상했다.

이런 일이 반복되다 보니, '이 교수님에게 잘 보이기는 틀렸구나. 뭘 해도 나를 안 좋아하실 거야' 라는 생각이 들었다. 사실 그 교수님은 정신과 과장이자 당시 절대적인 권력자로 그에게 찍힌다는 것은 내 앞날이 고달파진다는 것을 의미했다. 그래도 나는 잘해보려고 열심히 일하고, 논문 쓰는 것도 게을리하지 않고, 내 위치에서 할 수 있는 일들에 최선을 다했다. 하지만 그 교수님에게만큼은 인정받기가 어려웠다.

한번은 억울하고 답답한 나머지 회식 때 술의 힘을 빌려 교수님께 용기를 내어 질문했다.

"제가 교수님께 인정받으려면, 어떻게 해야 할까요?"

"그 질문 자체가 틀렸어. 열심히 일하는 게 중요한 게 아니야."

교수님 말씀의 속뜻은, 내가 인사하고 예의를 갖출 사람, 잘 보일 대상은 자신을 포함한 교수들이 아니라는 의미였다. 즉 환자들, 보호자들, 간호사들, 병동 직원들, MRI 판독실 직원들에게 더 잘하라는 뜻이었다.

나는 병원의 모든 직원이 동료이자 상사라는 것을 깨닫는 데 오랜 시간이 걸렸다. 그때 이후로는 나는 누군가에게 잘 보이고 싶고, 인정받고 싶어서가 아니라 다른 사람과 단 몇 분이라도 소통하기 위해 웃으며 인사했다. 엘리베이터에서, 병원 식당에서, 계단이나 복도에서 스쳐 지나가는 인사라도 눈을 맞추고 상대방의 기분이 어떤지, 힘든 일은 없는지 알고자 노력했다. 진심으로 인사를 주고받는 것이야말로 공감의 시작이라는 것을 깨달았다.

2년쯤 시간이 흐른 뒤, 병원 직원들은 내 이름은 몰라도 나를 인사 잘하는 정신과 선생님으로 기억했다. 20층 VIP병동 경비원들, 응급실 보안요원들, 3층 접수센터 안내 직원들의 경우 한 번도 개인적인 통성명을 하거나 커피 한잔 마실 기회가 없었지만 나를 기억해주었다. 심지어 내가 대학병원을 그만두고 4년이 지나 아버지의 병환으로 보호자로서 병원을 다시 찾았을 때도 그들은 나를 기억하고 반겨주었다.

그렇게 한 사람 두 사람 입에서 입으로 전해진 좋은 인상은 결국 정신과 선배들과 교수님들에게 이르렀다. 인사 덕분에 나는 실제보다 훨씬 더 따뜻한 사람으로 상사들에게 기억될 수 있었다.

모든 상사의 마음에 들 수는 없다

극히 예외적인 소수의 사람을 제외하고는 누구나 미움을 받는다(아니, 그 예외적인 사람들조차 '안티'는 있다). 모든 사람을 만족시킬 수는 없다는 말이다. 이는 직장에서 더 뚜렷하게 나타난다. 나를 싫어하는 윗사람이나 동료가 있는 반면에, 좀 더 너그럽게 봐주는 사람들도 존재한다.

레지던트 1년 차 시절, 나는 실수투성이에 지각쟁이였다. 그 때문에 일부 교수님들은 나를 게으르고 불성실하다고 생각하셨고, 호되게 혼난 적도 있었다. 특히 한 펠로우(교수와 레지던트 사이의 중간 직책)에게는 13년이 지난 지금도 생각날 정도로 심한 소리를 많이 들었다. 나름 모범생으로 불리며 27년간 살아온 인생에서 그때까지 들은 욕보다 더 많은 욕을 먹었다. 그는 마치 내가 원수라도 된 양 욕을 해댔다(실제로 그는 내게 "이 민족의 원수 같은 새끼!" 라는 표현을 쓰곤 했는데, 이 욕이 특이해서 아직도 기억이 난다). 보통은 "당장 의사 때려치워, ○○새끼야!" 이런 말을 자주 들었는데, 그럴 때면 울컥 감정이 치밀어 당직실에서 혼자 울기도 했다. 겉으로 표현하지도 못하고 속을 끓이며 그를 참 많이도 미워했었다.

반면에 인턴 시절 어떤 교수님은 그분 연구논문에 필요한 혈액 샘플 수집을 내가 도와드린 적이 있었는데, 그 한 번의 일로 나를 부지런하고 인내심 있는 의사로 생각해주셨다. 그저 새벽 1시까지 하루 동안 도와드렸을 뿐인데, 그 교수님은 지금까지도 내게 호의를 베풀어주신다.

이런 경우 나를 예뻐하는 상사에게 더 잘하고, 다른 상사에게는 좀 덜해도 되지 않을까? 아니, 그렇지 않다. 나를 아껴주는 상사에게는 정말 감사한 마음을 갖고 잘하고, 나를 싫어하는 상사에게는 이 악물고 더욱 잘해야 한다.

그렇게 하면 나를 싫어하는 상사들이 좋게 봐줄까? 아니다. 크게 달라지는 것은 없다. 대신 나에 대한 평가를 결정해야 하는 경우 내 편인 상사들이 나를 두둔할 때, 굳이 나서서 비난하지는 않게 된다. 그 정도만 되어도 상사들로 인해 직장생활에 큰 걸림돌이 되는 일은 생기지 않는다. 모든 상사에게 최고로 인정받고 싶은 욕심이 아니라면, 원만한 직장생활을 이어가는 데는 충분하다.

0점짜리 상사는 없다

몇 년 전쯤인가 한 기사에서 휴일에 핸드폰 화면에 찍힌 직장 상사의 전화번호가 번지점프나 자동차 사고보다 더 심한 두려움과 스트레스를 준다는 조사 결과를 본 적이 있다. 실험에 대한 신뢰성 여부를 떠나, 상사에 대해 아랫사람이 느끼는 불안과 공포가 얼마나 큰지 짐작할 수 있는 기사였다.

그러니 상사가 자신 앞에서 대놓고 폭언이나 욕설을 하면 그 모욕감을 견디기는 쉽지 않을 것이다.

이런 상사의 갑질에는 도대체 어떻게 대처해야 할까? 방송국 3년 차 드라마 FD인 은영 씨의 사례를 살펴보면서, 어떻게 그녀가 무너지지 않고 자기중심을 잡을 수 있었는지 힌트를 얻어보자.

"FD가 뭐예요? 막내 PD^Producer 같은 건가요?"

"아이고, 아니에요. 저는 그렇게 대단한 사람이 아닙니다."

방송 제작 먹이사슬의 최정상부에는 CP^Chief Producer가 있다.

CP는 여러 프로그램을 통합 관리하고, 인사도 관할한다. 그 아래 직급은 PD로 각 프로그램의 구성과 연출, 편집을 총괄한다. 그 밑에 AD Assistant director는 조연출로 섭외와 세팅, 스케줄 관리, 자료 조사 등을 맡아서 하는 PD의 오른팔 같은 존재다.

AD 밑에 있는 사람이 FD Floor Director로, 촬영이 원활하게 진행될 수 있도록 사전 준비와 대본, 큐시트 관련 일을 담당한다.

"한마디로 허드렛일을 하는 거죠."

은영 씨는 월급으로 보수를 받지 않는다. FD 대부분이 계약직이고, 회당 10~20만 원의 돈을 받는다. 16부작 드라마를 찍으면 200~300만 원가량의 돈을 받는다. 한 달이 아니다. 2~3년 걸려서 드라마 한 편이 완성되면 정산받는 금액이 이 정도다. 이 돈으로는 최저 생계도 어렵기 때문에 별도의 보조금과 식사비, 교통비 등을 지원받는데, 대략 월 100~120만 원의 보수를 받는다. 이 금액조차 드라마가 성공했을 때나 받을 수 있다. 시청률이 낮아서 속칭 망한 드라마는 대금 지급이 차일피일 미뤄져 돈을 못 받는 경우도 더러 있다. 2~3년을 고생하고도 무급으로 끝나는 기막힌 일이 방송가에는 존재한다.

은영 씨가 이 같은 부조리를 감내하는 이유는 단 하나 'PD'가 되기 위해서다. 그 전에 AD가 되면 기본 연봉과 인센티브를 합쳐서 연봉 3,000만 원 이상을 보장받을 수 있다. PD가 되면 연봉이 약 6,000만 원이고, 스타 PD가 되어서 외주 방송사로 나가면 2, 3억 원도 받을 수 있다. 실제로 수십 억대 연봉을 받는 PD도 있다.

막내 직급이나 다름없는 은영 씨에게는 모두가 상사다. 배워야 할 것이 수두룩하다. 작가팀부터 촬영, 음향, 조명, 코디, 배우 매니저, 그리고 행정지원팀까지 모든 분야의 일을 최대한 빠삭하게 배워야 한다. 드라마 하나를 찍는 데 필요한 스태프 수만 해도 100명이 훌쩍 넘는다. 은영 씨는 이런저런 일을 배우고 부딪히면서 매시간 아니 매분 혼나고, "죄송합니다!"를 연발해야 했다.

"아까 가르쳐줬잖아. 야 FD! 소품 준비 안 됐어?"

"야! 조연분들 대사 숙지하는 거 부탁 안 드렸냐?"

"야! 일 똑바로 안 해?"

은영 씨가 이런 막말과 무시를 참는 데에는 몇 가지 이유가 있다.

첫째, 어느 파트 선배들이건 배울 점이 있다는 것이다. 음향팀, 조명팀, 촬영팀 등 그곳 상사들의 경력은 기본 10~30년이다. 드라마 판에서 얼마나 구르고 험한 소리를 들어가며 이것저것 배웠겠는가. 그야말로 다양한 사건·사고가 있었을 테고, 시행착오를 거치며 꾸역꾸역 결과물을 만들어냈을 것이다. 그들의 거친 말투와 인성, 불손한 태도는 은영 씨를 힘들게 했지만, 이 직업을 포기할 만큼의 당위적인 이유는 아니었다. 방송 일을 아주 오래 하고 싶은 꿈을 가진 은영 씨에게 그들의 경험은 필수적인 자양분이었다. 설령 욕쟁이에 능력 없는 선배라 할지라도, 그들의 수십 년에 이르는 시간과 시행착오의 경험은 기억할 만한 가치가 있다고 생각했다.

둘째, 아무 이유 없이 자신을 꾸짖지는 않는다고 생각했다.

나를 싫어하는 상사는 분명 있다. 하지만 그들도 최소한 시빗거리가 없다면 호되게 나무라지는 않는다. 자기 일을 충실히 하는 사람에게는 아랫사람이라고 해서 무조건 트집을 잡지는 않는다. 상사에게 혼났을 때 중요한 점은 감정적으로 억울해하기 전에, 그들의 비난을 분별해볼 필요가 있다는 점이다. 그들의 잘못된 언행에만 초점을 맞추지 말고, 일단 자신이 실수한 점이나, 고쳐야 할 점, 그리고 상황을 한번 되짚어보는 것이다.

은영 씨는 선배나 상사들의 말에서 무시, 욕, 인신공격과 같은 나쁜 감정을 제외하고, 그들이 지적하는 실수나 팩트에만 집중하기로 했다. 나를 미워하는 상사의 차갑고 예리한 지적이야말로 현재의 나를 더욱 발전시킬 수 있는 응원이라고 생각하기로 마음먹었다. 물론 그녀도 처음에는 쉽지 않았다. 억울한 감정이 북받칠 때면 분장실이나 화장실에서 이를 악물고 울었다. 그렇게 3년이라는 시간을 쌓으면서 은영 씨는 배짱과 대범함, 솔직함, 유머러스함을 하나씩 자신의 것으로 만들어갔다.

"야, 이 새끼야! 넌 아직도 그것밖에 못하냐!"

"형님, 가르쳐주시면 배우겠습니다. 죄송합니다!"

이제 은영 씨는 감독들의 웬만한 호통쯤은 받아치는 넉살과 여유까지 생겼다.

앞서 언급한 나를 괴롭게 했던 그 펠로우에 대한 후일담을 덧붙이며, 상사에 대한 얘기를 마무리 지어보고자 한다.

몹시도 가혹하게 느껴졌던 그의 태도에 대해 나는 '그 펠로우는 분명히 내가 싫고, 마음에 안 들어서 그런 거야'라고 생각했다. 하지만 그 사실이 전부는 아니었다. 당시 나에게는 나쁜 버릇이 하나 있었다. 실수해서 혼날 때면 당황해서 이유를 설명한답시고 나한테 유리하게 조금씩 각색해서 변명하는 버릇이 있었다. 윗사람을 실망시킬까 봐 두렵고, 인정받고 싶어서 가끔 거짓말을 한 것이다. 스스로 '이건 사소한 거야. 나쁜 의도가 아니야'라고 합리화하면서 말이다.

그 펠로우는 나의 그런 속내를 알아차렸고, 몇몇 교수님들도 당연히 그 점을 꿰뚫어보았을 것이다. 어쩌면 저 레지던트는 '잘못을 인정하지 않아. 믿을 수 없어'라고 평가하셨을 수도 있다. 바쁘고 귀찮았을 텐데도 그 펠로우는 내가 실수할 때면 매번 나를 불러 쌍욕을 해주었다. "이 거짓말쟁이 새끼야, 또 그럴 거야? 너 그러면 의사 못 돼. 환자가 너를 어떻게 믿겠어!" 하고 말이다.

욕을 그리도 많이 먹어서일까. 실제로 나는 달라진 모습을 보여주겠다는 오기가 생겨 이를 악물고 노력했다. 실수하고 혼날 때는 변명하지 않고 입술을 깨물었다. 나도 모르게 거짓말이 튀어나올까 봐 입술을 꼭 다물고 그저 듣기만 했다. 그러다 보니 어느 순간 깨닫게 되었다. 펠로우가 실수를 지적하고 크게 혼내는 것이 나를 미워해서가 아니란 것을 말이다. 정말 나를 미워하는 사람들은 조용히 머릿속에서 나를 지우고 포기해버리니까.

그 펠로우의 진짜 의도를 파악하지 못한 채, 나는 몇 년이나 그를 미워했다. "너 잘되라고 그런 거야." 라고 한 번만 얘기해줬어도 그토록 오랫동안 그를 미워하지 않았을 텐데 말이다. 아마 그는 바쁜 현장에서 자신의 방식을 고수하고 밀어붙이는 편이 나를 좀 더 빨리 변화시킬 수 있는 방법이라고 생각한 듯하다.

그 후로 나에 대한 지적과 비난을 끝까지 들을 수 있는 용기가 생겼다. 급급하게 변명을 내뱉지 않고 참을 수 있게 되었다. 실수를 인정한다고 내가 그 사람에게 신뢰를 받지 못하는 것은 아니구나, 버림받지 않겠구나 하는 믿음이 생겼다. 인정받고 싶다는 불안과 집착으로부터 자유로워진 순간 나는 깨달았다. 이제 더 이상 나를 과대 포장할 필요가 없다는 것을 말이다. 즉 진짜가 아닌 것에 집착할 필요가 없다는 것을 알게 되었다. 교수님이나 윗사람에게 잘 보이는 것, 남들에게 인정받는 게 중요한 것이 아니라, 자신에게 정직하고 엄격한 의사가 되어야 한다고 생각했다. 친절한 방식은 아니었지만, 그 펠로우는 가르쳐주고 싶었을 것이다. 그래야 환자에게 정직하고 믿음을 줄 수 있다는 것을 말이다.

가까운 타인,
참을 수 없는 불편함

25살 나영 씨는 얼마 전 원하던 회사에 어렵게 입사했다. 그것도 대기업의 경영지원팀에 들어가게 되었다. 수년 동안 스펙을 쌓느라 숨도 제대로 쉬지 못하고 아등바등하며 취업 준비를 했는데 드디어 결실을 거둔 것이다. 그녀는 '이제 모든 게 잘 풀리겠지' 하며 사회 초년생으로서 첫발을 디뎠다.

그런데 나영 씨의 설레는 마음은 오래가지 못했다. 한 살 위 동기인 미영 씨와 사이가 크게 나빠졌기 때문이다. 원래 두 사람은 친한 사이였는데, 사소한 일로 다툰 뒤로는 점점 더 사이가 멀어졌다. 나영 씨는 자신에게 계속 시비를 걸고, 다른 사람에게 제 욕을 하는 미영 씨 때문에 일도 손에 안 잡히고 마음이 편할 날이 없었다. 처음에는 화해할 수 있겠지, 시간이 지나면 괜찮겠지 싶었다. 하지만 사내 따돌림 비슷하게 이간질하는 미영 씨의 모습을 알게 되고는 직장생활이 견디기 힘들어졌다.

그런 날이 계속되자, 나영 씨는 대학생 때 과 내에 잘못된 소문이 돌아 친구들과 멀어지고 상처받았던 일이 떠올랐다. 나영 씨는 자신한테 왜 이런 일들이 생기는지, 인간관계가 왜 이렇게 어려운지 버겁기만 했다. 나영 씨는 이제 아침에 출근할 생각만 해도 가슴이 뛰고 머리가 지끈거릴 지경이다. '얼마나 고생해서 들어온 회사인데…' 나영 씨는 눈물이 차올랐다. 그녀는 더 이상 회사에 가기 싫어졌다.

드라마 〈미생〉을 보면 신입사원 동기인 장그래와 한석율이 중요한 발표를 앞두고 갈등을 빚는 상황이 나온다. 공동 발표이지만 정규직이 되느냐 계약직으로 남느냐 하는 일종의 오디션으로 같은 팀인 동시에 라이벌인 것이다. 입사하기 전까지 바둑만 두느라 업무 지식이 거의 없다시피 한 장그래는 모든 면에서 후발 주자로 위축된 상태이다. 한편 실무 경험이 있는 한석율은 장그래의 단점을 교묘히 이용하며 유리한 위치를 선점한다. 이끄는 척 일을 떠넘기고, 팀을 위하는 척하며 자신을 부각시키는 데 여념이 없다. 예를 들면 힘들고 티 안 나는 업무는 남에게 떠넘기고, 폼 나고 멋있는 업무는 가로챈다. 남들이 볼 때는 양보하는 척, 배려하는 척 정치하는 것에도 능숙한 얄미운 캐릭터다.

이런 동기는 현실에서도 쉽게 찾아볼 수 있다. 대기업이건 작은 회사건 가장 자주 마주치는 사람은 같은 부서 팀원이다. 이 사례에서 나영 씨는 신입사원 연수 때 같은 조였던 미영 씨와 한 팀에서 일하게 되었다. 입사하기 전 2차 면접도 같은 조에 속해서 본

사이어서 미영 씨와는 인연이라며 금방 친해졌고 둘도 없는 사이가 되었다. 게다가 나영 씨는 25살, 미영 씨는 26살이고, 이름까지 비슷해서 혹시 자매 아니냐는 소리까지 들은 적도 있었다.

하지만 회사는 어쩔 수 없이 서로 비교될 수밖에 없는 곳이다. 국문학과 출신의 미영 씨는 엑셀을 잘 다루지 못해서 나영 씨에게 조금씩 일을 부탁하곤 했다. 처음 한두 번은 분량도 많지 않았고 친한 사이니 나영 씨는 기꺼이 도와주었다. 하지만 조금씩 양도 많아지고 어려운 부탁이 늘었다. 미영 씨가 부탁한 일을 해주느라 나영 씨는 몇 시간 넘게 일한 적도 있었다.

그러던 어느 날 나영 씨는 황당한 일을 겪었다.

"나영아, 네가 작성한 자료 숫자가 틀려서 나 대리님한테 엄청 혼났어. 다음부터는 좀 주의해서 해줄래?"

이에 나영 씨는 참다못해 정색하고 한마디 했고, 그때부터 둘 사이는 조금씩 틀어지게 되었다. 사람들이 "나영 씨는 성격이 참 좋아." 라고 할 때면, 미영 씨가 "그래도 가끔 욱하는 성격이 나오던데요?" 라고 덧붙이며 은근히 비웃었다. 사수가 나영 씨의 일 처리를 칭찬할 때면 "근데 나영 씨가 저번 분기 자료를 크게 펑크낸 것 아세요? 나영 씨 의외로 허당이에요." 라며 깎아내렸다. 이런 일들이 반복되자 나영 씨는 마음이 점점 불편해졌고, 힘들어도 그녀와의 사이를 회복해야겠다고 생각했다. 그리고 어렵게 미영 씨에게 말을 건넸다.

"언니, 저한테 마음 상한 것 있어요? 우리 이제 서로 풀었으면 좋겠어요."

"아니 전혀 없는데, 오히려 나영 씨가 꿍한 것 있어? 난 담아 두는 성격 아니야."

나영 씨는 화해의 시도로 밥도 같이 먹고, 술도 같이 마시며 노력해보았지만 결국 허사였다. 이제 두 사람은 회식 자리에서 사소한 농담을 주고받을 때도 견제하며 분위기가 싸해질 정도로 회복하기 어려운 사이가 되었다.

나영 씨의 사례는 심리학 개념인 '형제간 경쟁sibling rivalry'을 떠올리게 한다. 이 개념은 부모의 사랑과 관심을 더 받기 위해 형제나 자매를 경쟁 상대로 생각하고 상대보다 더 잘 보이려고 애쓰는 것을 말한다. 만 3세 미만의 어린아이에게서 잘 나타나는 이 심리는 형제, 자매의 나이 차가 크지 않을 때 더 부각되며, 이성보다 동성 형제, 자매 사이에서 더 강하게 유발된다. 만 3세 미만의 아이에게는 부모의 사랑과 관심이 내 세상의 전부인데, 나보다 더 어리고 보호가 필요한 존재가 세상에 태어나면 나는 2등으로 밀려날 수밖에 없다. 나의 아주 작은 행동이나 말에도 헐레벌떡 달려와 귀 기울여 주던 부모는 이제 갓 태어난 동생을 돌보느라 여념이 없고, 그로부터 심각한 시기심과 열등감이 유발된다. 아무 이유 없이 두세 살 아이가 갓난쟁이 동생을 때리거나 밀치는 사례는 바로 이런 무의식에서 발생한다.

이러한 심리는 내 또래의 나와 비슷한 사람에게서 더 잘 생기는데, 길거리를 다니다가 나와 똑같은 옷을 입고 있는 사람이나, 체형이나 외모가 비슷한 사람을 마주치면 자연스럽게 불쾌감이 생기는 것이 이런 이유 때문이다. 멀게는 엘렉트라 콤플렉스(오이

디푸스 콤플렉스와 거의 같은 개념으로, 어린 딸이 아버지를 두고 어머니와의 경쟁심으로 인해 불안감을 느끼는 것)로부터 파생된 이 같은 심리는 일종의 동족 혐오로 이해할 수 있다. 이를테면 나를 대체할 누군가가 있다, 자신의 위치와 상태를 빼앗길 수도 있다는 위기감이 주는 불안 때문에 생기는 위협이다.

나이도 이름도, 심지어 키도 비슷했던 두 사람은 처음에는 자매 아니냐는 말을 주변에서 들을 만큼 가까웠으나 지금은 원수 같은 사이가 되었다. 나영 씨는 엑셀 문제로 인한 말실수가 지금의 갈등의 원인이 되었다고 생각하지만, 문제의 원인은 사실 훨씬 더 깊은 곳에 있었다.

일산에서 태어난 미영 씨는 H대 출신으로 대학 졸업 후 2년의 취업 재수를 통해 회사에 합격했다. 집이 아주 가난하지는 않았지만 경제적으로 여유롭지 못했고, 학자금 대출도 3,000만 원이 있는 상태여서 마음 한구석이 늘 답답했다. 그나마 회사 신입사원 연수에서 동기인 나영 씨를 알게 되어 직장생활을 조금은 수월하게 할 수 있을 것 같아 안심이었다.

나영 씨는 자신과 닮았지만 조금 더 어리고, 더 말랐으며, 또래 여자들이 들기 버거운 명품 가방을 메고 다녔다. 외고를 졸업하고 Y대 출신이며, 집은 반포에 살고 있는 나영 씨는 인정하기 어렵지만 미영 씨가 원했던 자신의 이상형에 가까웠다. 나와 닮았지만 나보다 더 멋지고 예쁜 여자랄까. 때때로 미영 씨는 자신도 그녀처럼 되고 싶다는 생각이 들었다. 미영 씨는 그녀와 친해지고 싶은 마음에 늘 함께하며 가깝게 지냈다.

하지만 같은 부서, 동기라는 위치가 두 사람을 항상 비교되게 만들었다. 직원들은 누구나 나영 씨를 조금 더 좋아했다. 그런 점은 이해할 수 있었다. 그런데 미영 씨가 남몰래 좋아했던 사수인 강 대리가 어느 날 미영 씨에게 찾아와 "실은 내가 나영 씨한테 관심이 있는데, 다리 좀 놔줄 수 없을까? 둘이 친하잖아." 라고 부탁한 순간부터 그녀에게 안 좋은 감정이 들기 시작했다. 나영 씨를 향해 막연한 질투심과 미움이 번지게 되었다.

이제 직원들이 나영 씨 얘기를 꺼내기만 해도 미영 씨는 기분이 거슬렸다. 나영 씨가 동기이자 동생이기도 해서 자신이 얼마나 그녀를 챙겨줬는데, 이제는 엑셀 문제를 들먹이며 고마워할 줄도 모르는 것 같다고 생각되었다. "동기인데 나영 씨 좀 잘 챙겨주세요." 라는 팀원들의 말도 미영 씨는 지긋지긋해졌다.

나를 미워하는 동기, 특히 나로 인해 자존감에 상처를 입은 사람과의 관계를 회복하는 일은 매우 어렵다. 내가 통제할 수 없는 변수가 많기 때문에 갖은 노력을 기울인다고 해도 소용없는 경우도 있다. 나영 씨가 미영 씨를 신경 쓰지 않고 지낼 수 있는 성향의 사람이라면, 그렇게 하는 것이 가장 확실한 해결책이 될 것이다. 하지만 직장이라는 사회적 공간, 같은 팀의 동기라는 위치에서 그녀를 신경 쓰지 않고 생활하기란 거의 불가능하다.

나영 씨가 관계를 조금이라도 회복하기를 원한다면, 우선 갈등의 피상적인 원인이 아닌 진짜 역동을 찾아야 한다. 미영 씨의 학벌과 경제 상황에 대한 정보를 이해한 상황이라면, 자신도 모르게 미영 씨의 열등감을 자극한 언행이 없었는지 생각해보는 것이다. 악의 없이 던진 가벼운 농담이나 업무 대화 중에서도 자신도 모르는 사이 상대방에게 상처를 주었을 수 있다.

평소에 나영 씨는 미영 씨와 얘기를 나누면서 이런 말들을 한 적이 있었다. "지인이 신혼집을 일산에 샀는데, 아무래도 서울이 살기에 더 낫지 않나요?", "나는 월급 받으면 쇼핑하는 데 거의 다 써요. 그래야 스트레스가 풀려요.", "강 대리가 자꾸 주말에 영화를 보자, 밥을 먹자고 해서 난감해요." 미영 씨 입장에서는 기분이 언짢을 수 있을 법한 말들이다.

물론 상대방의 모든 기분이나 열등감, 비틀린 성격까지 이해하면서 말조심할 필요는 없다. 하지만 직장은 우리가 하루의 대부분을 보내는 곳이며, 같은 부서의 동기라면 이들과 항상 마주하고 지내야 한다. 물리적으로 생각하면 가족보다도 가까운 사이다. 그러니 가까운 친구가 될 수 없을지언정 적으로 여겨서는 안 된다. 둘의 갈등은 단순히 엑셀 문제로 비롯된 것이 아닌 상대로부터 무시당했다는 감정으로 인해 생긴 것임을 깨닫는 것이 해결의 시작이다.

만약 문제의 진정한 원인을 파악했다면, 그다음 과정은 그것을 덮어둘지 적극적으로 해결할지를 선택해야 한다. 때로는 아무것도 하지 않는 것이 좋은 방법일 수 있는데, 소극적이기는 해도 관여하지 않고 자신의 일에 집중하는 것도 해결책이 될 수 있다. 한편 동기간 경쟁이라는 심리적 개념의 핵심이 단순한 미움이 아니라 애증이라는 양가감정임에 주목한다면 어제의 원수를 내 편으로 만들 수도 있다. 애초에 자매 같은 사람에게 느껴지는 미움은 단순한 분노가 아니라 호감과 부러움에서 파생된 것이기 때문이다. 따라서 무작정 화해를 시도하는 것이 아닌 진심 어린 배려와 존중을 보여주어야 한다. 예를 들어 일상적인 대화에서 미영 씨의 열등감을 자극하지 않게끔 조심하는 것이다.

이렇게 애썼는데도 관계를 회복하기가 어렵다면, 그때는 포기할 수 있어야 한다. 모든 사람이 나를 좋아할 수는 없다. 열 명의 사람 가운데 나를 좋아해줄 사람은 대개 한두 명이며, 여섯 명은 나에게 별로 관심이 없다. 나머지 두 명은 자신이 아무리 노력해도 어차피 나를 싫어할 것이다.

기본적으로 직장은 친교의 공간이 아니라 경제활동을 위해 일하는 곳이라는 사실에 집중하는 것도 좋다. 또한 동기와의 관계가 중요하긴 해도 직장에는 미영 씨 말고도 많은 구성원이 있다. 동기 한 명이 나를 미워하는 것뿐이다.

이미 어긋나버린 관계에 100의 노력을 기울여도 회복이 요원한 것이라면, 차라리 100의 노력을 분산시켜 다른 동료들과 돈독함을 쌓거나 자기계발에 집중해보자. 미영 씨의 은근한 도발이나 파벌을 만드는 것에 에너지를 소진하지 말고, 나 자신과 또 다른 인간관계에 시간을 투자하자. 어느 정도 기간이 지나고 자신의 업무 능력이 쌓인다면 다른 부서로 이동하는 것도 요구해볼 수 있다. 이런 노력에도 여전히 나영 씨가 회사에서 받는 스트레스가 심하고 직장생활을 할 수 없는 상태라면 당연히 이직을 고려해봐야 한다.

휩쓸리지 않고
나를 잃지 않는 법

14년째 정신과 의사로 일하면서 만난 모든 환자와 내담자들의 절반 이상은 직장인이었다.

2018년 12월에 작은 의원을 개원하고 첫 1년 동안 나를 찾은 환자 수는 약 1,400명이었는데, 그중 90퍼센트가 넘는 사람이 직장인이었다. 현재 우리나라에 면허 등록된 정신과 의사는 약 3,500명이다. 지금껏 내가 진료한 직장인 수만도 1만 명이 넘으니, 얼마나 많은 직장인이 마음의 병을 앓고 있을지 충분히 짐작되고도 남는다.

직장인들에게 주로 나타나는 정신 질환은 공황장애, 불안장애, 우울증 등인데, 대부분 직장에서의 과도한 스트레스와 심리적 압박이 그 원인이다. 앞에서도 언급했듯이 직장에서의 스트레스는 업무로 인한 것(과도한 업무량, 적응의 어려움 등)도 있지만, 직장인들이 정말 견디기 힘든 이유는 대인관계에서 생기는 갈등 때문일 경우가 많다.

자신의 우울이나 분노의 대상이 직장과 관련된 사람이거나 또는 가족, 친구일 경우 우리의 대인관계는 큰 위기에 직면한다. 잘 모르는 사람보다 무엇인가를 기대할 만한 가까운 관계에서 실망했을 때 우리는 더 큰 감정의 혼란을 겪기 때문이다. 피할 수 없는 자연의 법칙처럼 직장인이라면 좋든 싫든 매일 회사 안에서 다양한 사람들을 마주해야 한다. 상사, 동료, 부하직원, 고객 등 여러 사람과 관계를 맺고 일할 수밖에 없다.

그렇기에 대인관계에서 비롯된 갈등을 완전히 해결하기란 어렵다. 내가 아무리 노력한다고 해도 타인은 내가 통제할 수 없는 변수이기 때문이다. 게다가 나의 인격과 타인의 인격 성향이 상호작용하며 발생하는 다양한 감정과 충동, 문제들은 해결하기가 무척 어렵다.

하지만 앞의 여러 가지 인격 성향에서 살펴보았듯이, 나와 상대방의 인격 성향에 대해 파악한다면 이전에는 도저히 이해할 수 없었던 언행에 대해 조금은 수용할 수 있는 여유가 생길 것이다.

그렇다고 인격 성향에 대한 이해가 단순히 '내가 이런 심리적 특성이 있구나', '김 팀장이 그런 성향이어서 매번 확인하고 또 확인했구나' 라는 식으로 그쳐서는 안 된다. 우리가 느끼는 불안을 그때그때 적절히 비워내지 않으면 번아웃에 빠질 수 있기 때문이다.

남들처럼 살지 못한 것에 대한 불안

우리는 '번아웃의 시대'를 살고 있다. 어떤 사람들은 삼성 같은 대기업에 일하면서도 퇴직 후 노후를 대비하기 위해 공인중개사 자격증을 따려고 애쓰고, 영어가 유창한데도 승진 심사를 앞두고 중국어 학원까지 다니기도 한다. 업무 외에도 대인관계, 운동, 재테크, 취미에 이르기까지 멀티플레이어가 되려고 노력하고, 투잡 또는 쓰리잡을 가진 사람도 드물지 않다. 그렇게 쉴 새 없이 살아야 인생을 제대로 산다고 인정받을 수 있는 분위기가 된 것 같다.

'나는 큰 욕심 없어. 그저 남들 사는 것처럼 평범하게 살고 싶어' 라고 생각하기엔 남들 사는 수준, 즉 중산층, 평균의 의미가 너무도 높아졌다. 유튜브, 페이스북, 인스타그램을 보면서 우리는 끊임없이 타인의 성공에 자극받고 부러워한다. 내가 열심히 살아도 열등감으로부터 자유로울 수 없게 되었다. 아니, 오히려 열심히 살수록 더 불안에 쫓기고 번아웃에 빠질 위험이 높아진 시대가 된 것이다.

출근하면서 경제나 부동산 강의 영상을 보고, 퇴근 후에는 운동 모임이나 독서, 어학 모임 등 각종 소셜 동호회에 참석한다. 바쁜 것을 넘어 사회 전체가 ADHD(주의력 결핍 과잉활동 장애)에 걸린 듯 과잉활동이 당연시되는 분위기다. 한 가지 일만 열심히 하는 사람이 시대에 뒤처지고 현실에 안주하는 것처럼 보이기까지 한다. 오늘 최선을 다했음에도 내일과 미래에 대해 불안해야만 한다.

정신분석학자 칼 융은 "세상을 보는 사람은 그저 꿈을 꿀 뿐이지만, 자신의 내면을 보는 사람은 비로소 그 꿈에서 깨어난다."고 말했다. 이는 욕망으로 가득한 외부 세계와 타인에 대한 지나친 관심을 내려놓고, 그 에너지와 시간을 자신의 내면을 탐구하는 데 투자해야 한다는 뜻이지 않을까.

칼 융은 같은 시대와 환경을 공유하는 사람들은 자기도 모르는 사이에 무의식을 통해 연결되어 있다고 보았다. 그렇기에 자신이 어떤 사람인지를 깨닫는 것이야말로 대인관계를 원만하게 하고, 타인을 잘 이해할 수 있는 핵심이라고 설명한다. 그는 무의식을 인지하고 공유하는 것이 대인관계를 이루는 상호작용의 기본이라고 보았고, 이를 "집단 무의식"이라고 표현했다.

그러면 자신의 내면을 들여다보는 방법에는 어떤 것이 있을까? 1부에서 설명했듯이 명상이나 사색을 꼽을 수 있다. 요가를 한다거나 명상을 위한 호흡법을 배우고, 몸과 마음의 이완을 체득하는 것은 내면을 바라보는 데 도움이 된다.

그보다 더 중요한 것은 나의 심리적인 '내적 갈등'을 인지하는 것이다. 우리는 직장에서 지나친 경쟁심이나 열등감으로부터 위협받는 이유가 주로 타인에게 있다고 생각하는데, 사실 그렇지 않다. 나를 초조하게 만드는 대상은 바로 자신이다. 지나치게 높은 자아 이상ego-ideal 탓이거나, 혹은 과거 잘나가던 시절에 대한 집착 때문일 수도 있다. 우리는 자신이 설정한 이상적인 미래에 자신을 끼워 맞추기 위해 끝없이 스스로를 몰아붙이고 재촉한다. 번아웃의 신호를 온몸으로 느끼면서도 조금만 더 참아야지, 더 버텨야지 하며 가혹한 인내심을 요구한다.

이러한 강박관념은 성실함도 아니며 성숙한 태도와도 거리가 멀다. 욕망에 사로잡혀 길을 잃지 않으려면 돈과 성공, 그리고 타인과의 관계에 대해서도 지나치게 잘하려는 완벽주의부터 내려놓아야 한다. 좋은 평가를 받고 싶다거나, 괜찮은 이미지를 남기고 싶다는 인정에 대한 과도한 욕구가 바로 번아웃의 시작이다. 이 욕망과 불안을 다스리는 힘이야말로, 우리가 타인으로부터 휩쓸리지 않고 자신을 지킬 수 있는 방법이 될 것이다.

이제는 나를 이해할 시간

지금까지 주로 직장에서의 난처하고 고민되는 인간관계에 대한 몇 가지 사례를 살펴보았다. 정신과 전문의로서 직장 내 대인관계의 어려움을 풀어나갈 수 있는 나름의 대처 방법도 제안해보았다. 하지만 대인관계는 완벽한 답이 없는 문제다. 내가 아무리 노력한다고 해도 좋은 결과를 장담할 수가 없다.

사람에 대한 스트레스로부터 자유로울 수 있는 방법이 존재하기는 할까? 직장을 퇴사하고 자신이 사장이 된다면 내 마음대로 할 수 있을까? 그렇지 않다. 예컨대 요식업 자영업자들은 건물주와 손님, 배달 대행업체에게도 갑질을 당하곤 한다.

그럼 로또에 당첨되어서 돈 많은 백수가 되면 어떨까? 현재 로또 1등 당첨금은 평균적으로 세후 10억~12억 원이다. 물론 여유는 생기겠지만 100세 시대에 남은 생을 놀고먹을 수 있는 만큼의 풍족한 액수는 아니다. 800만분의 1의 행운을 얻는다고 해도, 우리는 여전히 돈을 벌기 위해 직장을 다니거나 일해야 한다는 말이다.

자기계발 서적이나 일부 동기부여 전문가들이 흔히 하는 말이 있다. 답답한 직장을 그만두고 새롭게 도전하라고 말이다. 회사라는 좁은 우리를 벗어나 자신의 가능성을 마음껏 시험해보라고 조언한다. 참으로 달콤하고 무책임한 말이 아닐 수 없다. 꿈을 꾸려면 생활의 안정은 기본이다. 여유 있는 상태가 보장되어야만 초조한 마음이 사라지고 창의력도 발현된다. 무작정 직장을 때려치우고 세계 일주를 떠난다거나, 창업하는 것은 어지간한 금수저가 아니라면 고려해서는 안 될 사안이다. 자극적이고 번지르르한 말에 동요되어서는 안 된다.

직장은 오로지 월급을 위한 일터가 아니다. 직장을 돈을 버는 공간으로만 생각한다면, 내가 하는 것은 일이 아니라 단순히 힘들기만 한 노동이 된다. 발전과 성숙을 위한 배움의 시간이 아니라, 그저 돈이라는 재화와 바꾸기 위해 자신이 '소모'되는 것이다.

번아웃에 빠진 직장인들은 한결같이 쉬고 싶다, 직장을 때려치우고 싶다고 말한다. 또 자신이 언젠가 로또에 당첨되면, 주식으로 큰 수익이 나면, 비트코인이 대박 나면, 직장을 그만두고 여유롭게 조금만 일하며 살 것이라는 꿈을 꾼다. 안타깝게도 이들은 자신의 내면을 보지 않는다. 서울에 아파트를 장만하고 싶다거나, 몇억을 모으겠다거나 하는 '타자의 욕망'을 갈망하고 좌절하는 것을 반복할 뿐이다. 나다운 삶을 살기 위해 자신의 내면의 말을 듣는 연습은 하지 않는다.

우리 인생에 대박이 날 확률은 1퍼센트도 되지 않는다. 나머지 99퍼센트의 확률에 속하는 우리는 직장을 계속 다니거나, 비슷한 직장으로 이직해서 계속 일할 확률이 높다. 하지만 이를 불행하다고 할 수 있을까? 우리는 직장에 대해서, 돈을 버는 행위에 대해서 너무 부정적으로만 생각하는 것은 아닐까?

우리는 월급을 통해 최소한의 자아실현을 할 수 있다. 각자의 월급은 다르지만, 내가 가진 여유 한도 내에서 소비하거나 투자할 수 있다. 예를 들어 월급과 퇴근 후의 시간을 거의 유흥을 즐기는 데 소비하는 욜로족도 있고, 미래를 위한 목표에 투자하기 위해 각종 학원을 다니며 배우는 사람도 있다. 이 중 누가 옳은지는 판단할 수 없다.

다만 각자가 자신의 내면을 충분히 인지했는지는 되돌아보기를 바란다. 지금 직장에서 정말 아무것도 배울 게 없을까? 내가 하고 싶었던 일을 하려면 어떤 준비를 해야 할까? 무엇을 하기에 이미 늦은 것일까? 아니면 늦었다는 핑계로 포기하고 싶은 것일까? 이런 질문을 스스로에게 던져보길 바란다.

모두가 성공해야 하고, 열심히 살아야 하는 것도 아니다. 각자가 설정한 기준에 맞게 만족하면서 느리게 사는 삶도 존중받아야 한다.

한편 타인의 성공에 집착하고 부러워하면서 정작 자신은 아무것도 도전하지 않는다거나, 그저 모든 문제의 원인을 남 탓, 회사 탓, 사회 탓 등으로 투사하는 것은 옳지 않다. 자신의 문제가 무엇인지 직시하고, 자신의 내면을 들여다볼 용기를 내야 한다. '나는 남들보다 잘하는 게 하나도 없어. 어차피 안 될 거야'라는 말로 스스로를 위축시켜서는 안 된다.

얼마 전 〈동백꽃 필 무렵〉으로 백상예술대상 남자 조연상을 받은 오정세는 수상 소감으로 이렇게 말했다.

"지금까지 백 편 넘게 작품을 했는데, 잘된 것도 있고 망한 것도 있습니다. 신기한 것은 그 백 편을 똑같이 다 열심히 했는데, 어떤 것은 성공하고 어떤 것은 아니었다는 것입니다. 그걸 보면 제가 잘해서 결과가 좋은 것도 아니고, 못해서 망한 것도 아니라는 생각이 듭니다. 세상에는 열심히 사는 보통 사람들이 참 많습니다. 열심히 일하는데도 꼭 좋은 결과가 주어지는 것이 아니라면, 어찌 보면 좀 불공평하다는 생각이 듭니다. 그럼에도 불구하고 실망하거나 지치지 마시고, 여러분들이 하는 일을 계속하셨으면 좋겠습니다. 자책하지 마세요. 그냥 계속하다 보면 평소와 똑같이 했는데, 그동안 받지 못했던 위로와 보상이 여러분들에게 찾아올 겁니다."

세상이 불공평하다는 이유로 포기하는 것은 참 쉽다. 반면에 언제 찾아올지 모르는 보상을 기다리며 하루하루를 충실히 사는 것은 어려운 일이다. 오정세가 특별한 사람이라 가능했던 것일까? 아니다. 그 역시 보통 사람이었다. 다만 자신을 믿고 고된 나날을 살아내며 기다릴 수 있는 인내심이 있던 것뿐이다.

따라서 자신의 가능성에 대해 의심하거나, 시도해보지 않고 현재의 자신을 깎아내리며 부정적으로 사고하는 태도를 멈춰야 한다. 우리 내면에는 자신이 생각하는 것보다 훨씬 더 단단하고 용감한 내가 숨어 있다. 꼰대 상사와 고객의 갑질, 직장 내 억울한 뒷담화, 과도한 업무와 야근, 쥐꼬리만 한 월급 등 이런 악조건 속에서도 도망치지 않은 내가 있다. 그 사실만으로도 우리는 존중받아 마땅하다.

또한 생계를 유지하고 가족을 부양하기 위해, 경력을 쌓아 목표한 바를 이루기 위해, 대출금이나 빚을 갚기 위해 직장이라는 삶의 현장에서 계속 달리고 있는 우리 모두는 박수 받을 자격이 충분하다.

이 책을 읽는 여러분 모두는 각자의 사연과 이유로 일터에서 힘들었을 것이다. 당장이라도 그곳에서 도망치거나 포기하고 싶었을 것이다. 이 책에서 삶에 관한 깨달음이나 일의 의미, 직장 내 대인관계에 대한 명쾌한 해답을 얻기를 기대했다면, 아마 만족한 해답을 얻지 못했을 수 있다. 하지만 그 깨달음은 타인이 줄 수 있는 것이 아니다. 모든 답은 당신의 내면에 있다. 그 뻔한 진리를 알면서도 우리는 자신의 마음을 챙기려 하지 않는다. 자신의 마음을 깊이 들여다보려는 노력을 하지 않는다. 출퇴근하기 바빠서, 여유가 없어서, 너무 지쳤다는 핑계를 대면서 나를 위한 시간을 갖지 않는다.

이 책을 읽으면서 한 번이라도 자신의 내면의 이야기에 귀 기울여 보았다면, 당신은 이미 책을 읽기 전의 당신과 다른 사람이다. 그 경험만으로 책을 읽기 전보다 조금이지만 더 나은 내가 된 것이다. 그 조금을 매일 반복해나가면 된다. 하루에 0.1퍼센트씩만 발전하면 1년이면 36.5퍼센트 변화할 수 있다. 그 정도면 새로 태어난 것이나 마찬가지이다.

중요한 것은 자신에 대한 믿음과 애정을 멈추지 않는 것이다. 변화할 수 있다는 믿음 속에 자신에 대해 이해하는 과정을 반복하면, 그것이 곧 당신의 습관이 되고 자존감이 된다. 그렇게 스스로 자신을 돌봄으로써 우리는 힘든 삶도 헤쳐나갈 수 있다.

나를 온전히 알 수 있는 사람, 공감할 수 있는 사람은 바로 당신 '자신'임을 잊지 말기 바란다.

다시 일어서는 힘

나를 믿어주는 한 사람이 있다면

우울감에 빠져 있던 시기 나는 친구들의 경조사에 거의 참석하지 않았다. 결혼식이나 돌잔치에 가면 모두가 이렇게 행복한데, 나만 초라하고 비참한 기분이 들 것 같아 일부러 피했다.

후회스럽지만 당시는 내 마음에 전혀 여유가 없어 사람을 대하기가 버거웠다. 축하할 일은 몰라도 장례식에는 꼭 참석했어야 했는데, 친구들의 슬픔을 곁에서 지켜봐 주지 못해 지금도 미안하고 마음이 무겁다.

우리는 누구나 숨쉬기도 괴롭고, 돌덩이를 매달고 물속에 깊숙이 잠긴 것 같은 심연 속에서 헤어나오지 못하는 시기가 있다. 또 겉으로는 뾰족하게 굴지만 다정한 사람의 손길과 목소리가 그리워서 이들이 손 한 번 잡아주고, 힘내라는 상투적인 한마디에도 구원받을 때가 있다. 정신과 전문의로서 그런 마음을 누구보다 잘 아는 내가 왜 그렇게 사람들을 피하고, 뾰족하게 굴었던 것일까.

당시 나는 친구들의 위로와 호의마저 외면했다. "동정하냐?", "넌 얼마나 잘사는데?", "네가 내 사정을 알기나 하냐?" 배배 꼬인 열등감은 모진 말로 치환되어 친구들을 밀어냈었다. 그들의 의도가 순수함을 알면서도 삐딱하게 트집을 잡았다. '어차피 세상은 혼자야. 내 마음을 누가 알겠어'라고 생각했다.

하지만 그렇게 수없이 밀어내고 짜증 내도 홍식이와 형섭이 형은 내 곁에 남아 있었다. 만나서 몇 시간 동안을 주구장창 신세 한탄과 변명, 남 탓만 늘어놓는 내 옆을 떠나지 않았다. 나라면 도 망갔을 텐데 말이다. 그들은 나를 평가하거나 고치려 하지 않았 다. "언제까지 이럴 거냐.", "이겨내야지." 따위의 말을 하지 않았 다. 내가 쏟아낸 수만 개의 지질한 단어들을 그저 담담하게 들어 만 주었다.

형섭이 형은 가끔 이렇게 말했다.

"네 잘못이 아니야."

사실 잘 알고 있었다. 모두 내 잘못이라는 걸. 모두 내가 선택 했고, 실패는 온전히 내 책임이라는 것을 절절히 알고 있었다. 가 슴을 후벼 파듯 아파서 도저히 인정할 수가 없는 것뿐이었다. 한 동안 나는 부정적인 감정에 휩싸여 '다시 행복해질 수 있을까?', '누 군가를 믿고 사랑할 수 있을까?', '의사로서 다시 환자를 도울 수 있을까?' 생각하며 불안을 곱씹었다.

하지만 모든 것을 포기하려 했던 힘든 상황을 떨치고 다시 용 기를 낼 수 있었던 것은 홍식이와 형섭이 형 덕분이었다. 나는 그 들로부터 진심은 사람을 일으켜 세워줄 수 있다는 것을 배웠다. 괜찮다고, 그럴 수 있다고 묵묵히 내 곁을 지켜준 사람들이 있었 기에, 나는 비로소 내 잘못을 똑바로 직시하고 수용할 수 있었다.

이들 친구와 함께면 전화 한 통과 농담 한마디, 족발에 맥주 한 잔에도 행복한 웃음을 지을 수 있으니 이 얼마나 감사한 일인

가. 내 소중한 사람들과 내가 만날 환자들에게 그들에게 배운 진심을 전하는 인생을 살고 싶다.

살며 사랑하며 배우며

연인 간의 진정한 관계는 어떤 모습일까? 어쩌면 번아웃이 찾아온 시기야말로 상대의 진가를 알 수 있는 순간이지 않을까 싶다. 화려하고 강렬한 장면만큼이나 애틋함이 오래 남았던 영화 〈라라랜드〉의 두 주인공을 따라 저마다 마음속에 간직한 진정한 사랑과 관계의 의미를 생각해보자.

세바스찬과 미아는 서로를 너무나 사랑하지만, 예술가로서 불확실한 미래와 불안한 현실에 부딪혀 이들의 관계는 조금씩 균열이 가기 시작한다. 미아는 자신의 모든 것을 걸었던 연극이 처참한 실패로 끝나자 꿈과 미래를 포기한 채 고향으로 돌아간다. 세바스찬은 힘겨운 현실에 지쳐 대중적인 밴드의 키보드 연주자라는 원치 않는 선택을 하고, 이 밴드가 인기가 높아지면서 돈도 명성도 얻게 된다. 두 사람은 서로의 꿈을 향해 나아가라고 응원하면서도, 함께하고픈 소유욕 사이에서 갈등을 겪으며 지쳐간다. 때로는 자신의 욕망을 억누르고, 때로는 상대에게 강요하면서 스러져버릴 듯 아슬하게 줄타기를 한다.

사랑하면서도 우리는 지친다. 번아웃에 빠질 수 있다는 말이다. 그런 시기에도 서로는 '이 사람이 과연 나를 얼마나 사랑할까?' 하며 확인하고픈 마음이 든다. 자신을 떠나버릴 것만 같아 불안하기 때문이다. 서로에게 지친 상태이기에 상대에게 상처를 줄 수 있고, 관계가 어긋나버릴 수 있다는 위험을 알면서도 더 집착하고 확인하려고 든다. 또 연인이면서도 서로에 대해 질투하고 열등감 등으로 애정을 소모한다.

오디션에 합격한 미아는 세바스찬에게 묻는다.

"꿈을 위해 당신 곁을 떠나야 할까요? 아니면 당신 곁에 남아주기를 원해요?"

두 사람은 이미 서로에게 상처를 주었다. 그리고 가장 외롭고 비참했던 순간 곁에 있지 못했다. 이번에도 헤어지면 아마 서로가 끝이라는 걸, 영영 엇갈려 버릴 수 있다는 걸 짐작하고 있다.

번아웃에 빠지면 우리는 감정에 의존한다. 현실에 안주하려 하고, 지금 내 곁의 누군가의 친절과 애정에 기대려 한다. 일생일대의 기회를 앞두고도 두려움을 이기지 못해 결국 포기하거나, 보장된 현실로 도망치는 사람들도 있다. 막연한 꿈에 모든 것을 걸었다가 지금 붙잡을 수 있는 행복까지 잃을까 무섭기 때문이다.

세바스찬이 미아를 붙잡았다면 과연 그들은 행복했을까? 아마 그렇지 못했을 것이다. 못다 이룬 꿈과 실망감을 서로에게 투사했을 것이고, "난 너 때문에 꿈을 포기했어. 인생을 망쳤어." 라는 모진 말을 주고받다가, 운명 같은 사랑이 스러져 '우리가 어쩌다 이렇게 돼버렸지?' 라는 후회만 남았을 수도 있다.

천재라고 불릴 만한 재능이 있음에도 번아웃에 빠져 그 자리에 주저앉은 사람들을 자주 본다. 딱 한 번만 더 시도하면, 이 고비만 넘기면 부화한 나비처럼 눈부신 인생을 살 만한 이들이 바로 그 입구에서 평생을 맴돌기도 한다.

미아가 바로 그런 상태였다. 그녀는 배우라는 자신의 세계에

서 존재감을 잃고, 연인과도 갈등을 겪으며 한없이 외롭고 비참한
상태였다. 그렇다 보니 로또 같은 인생 역전의 기회에도 선뜻 용
기를 내지 못한다. 지쳤기 때문이다. 또다시 상처받을까 두렵고,
이번에도 다치면 도저히 일어설 수 없을 것 같아서 주저한다.

이렇듯 날개가 찢겨 새장에서의 안정되고 편안한 삶에 안주
하려는 미아에게 세바스찬은 큰 세상으로 날아가라고 진심으로
독려한다. 그녀가 남아주기를 간절히 원하면서도 그녀의 손을 놓
아준다.

아프고 지친 영혼들은 서로가 놓쳐서는 안 될 자신의 운명의
상대임을 안다. 그럼에도 세바스찬은 미아를 보내준다. 사랑보다
더 중요한 것을 놓치지 않기를 원했기 때문이다. 꿈을 이루게 해
주는 것. 무엇보다 그녀가 자신으로서 온전해지는 것을 원했다.
꿈을 위해 서로를 존중해주는 관계의 끝이 사랑일 수도 있다고 보
여준 깊은 여운이 남는 영화였다.

누구나 혼자인 시간이 필요해

세상과 단절하고 방구석에서만 보낸 몇 달 동안 유일하게 좋았던
것이 두 가지 있다.

첫째는 타인이 주는 상처로부터 완전히 자유로웠다는 점이
다. 모든 SNS를 끊으니 남들의 시선이나 평가, 툭툭 쉽게 던지는
말에 상처받지 않아도 되었다. 마치 코로나 자가 격리처럼 무해한
공간에 틀어박혀 타인과 집단이 주는 독으로부터 완전히 안전할
수 있었던 것이다. 우리는 일하면서, 연애하면서, 아이를 키우면

서 등등 모든 삶의 과정에서 상처를 받는다. 사는 것 자체가 그야 말로 피로하고 유독한 일이다.

따라서 내가 누구건 얼마나 바쁘건 어떤 상태건 '혼자'인 시간이 필요하다. 직장 상사나 친구, 때로는 사랑하는 가족이나 연인에게서도 벗어나 온전한 자유를 누리고 마음을 해독할 시간이 필요하다. 그래야 우리는 또다시 상처받으면서도 지독한 현실에서 살아갈 수 있다. 인내하면서 하루를 버틸 면역력을 키워나갈 수 있다.

둘째는 나에 대해 깊이 진지하게 고민해볼 수 있었다는 점이다. 나는 항상 소처럼 끌려다니며 아등바등 살았다. 다른 사람에게 쫓겼고, 내 불안과 욕심이 나를 다그쳐 유난히도 애쓰며 살았다. '진짜 내가 좋아하는 것은 무엇이지?', '나는 어떤 사람이지?' 하는 자신의 정체성에 대한 중요한 질문은 해보지도 못했다. 그런 돈 안 되는 고민은 훗날 은퇴하고 나서 해도 되는 것이라며 무시했다. 당장 눈앞에 닥친 일들을 처리하는 데 급급했고, 남들처럼 살고 싶고 남들에게 인정받기 위해 투쟁하듯 살았다. 하지만 나의 인정 투쟁은 결국 번아웃의 늪에 빠지게 만들었다.

막상 아무것도 할 수 없는 번아웃이 닥치니 남아도는 것은 시간이었다. 나는 하루 종일 혼자 방구석에서 멍하니 있다가, 뒹굴거리다 천장을 무아지경으로 바라보면서 이런저런 생각에 빠져들었다. 스마트폰도 끊으니 세상은 더없이 고요하고, 마치 시간이 멈춘 듯 몽롱해지는 느낌이 들었다.

그 고요 속에서 나는 자신과 수없이 많은 대화를 했다. 주로 과거의 내가 등장했는데, 대학교 1학년의 나, 처음 의사가 된 26살의 나 등등 예전의 반짝였던 순간이 떠올랐다. 어제처럼 생생하게 그리운 사람들과 함께 말이다. 20대의 나는 젊고 열정적이고 멋졌다. 여유도 있었고 너그러웠다. 그때의 내가 지금의 내 모습을 보면 분명 실망스럽다고 할 것만 같았다. 고작 이것밖에 안되냐며, 이렇게 무력하고 평범하기 그지없는 아저씨가 되었냐며 말이다.

그리고 수없이 많은 인생의 갈림길에서 선택하지 않았거나 놓쳤던 순간들이 생각났다. 그때 이것을 택했더라면, 그것을 하지 않았더라면, 어디를 갔었더라면, 누구를 만났더라면 등과 같이 후회 가득한 지난 일들이 떠올랐다.

어찌 보면 과거란 '~했더라면'과 '~하지 않았더라면' 하는 아쉬움일 수 있다. 하지 못한 일이나 할 수 없었던 일에 대한 아쉬움 말이다. 하지만 이제는 안다. 나는 끊임없이 과거의 나와 싸우고 화해하며 온전한 한 사람이 되어가고 있음을 말이다.

그리고 그 과정을 거치면서 비로소 내 마음이 과거를 향하기보다는, 지금 '여기'를 바라볼 수 있게 되었다.

'덕심'에 힘입어 웃다 보면

내 안에 갇혀 삶이 무거운 시기에 사람들은 어떻게, 무엇을 하며 그 힘든 시간을 겪어낼까. 나의 경우는 롤 게임을 하며 시간을 견뎠다. 그것도 하루에 8시간 이상, 주말에는 12시간도 했었다.

나는 롤 게임 등급이 브론즈(거의 최하 등급)였는데, 열 번을 하면 한두 판만 이기고 대부분 졌다. 실력이 부족한 탓도 있지만 무력한 기분 탓에 수동적으로 대충했다. 우울증이 온 판국에 게임이라고 열심히 했겠는가. 어떤 필승 전략이나 기본 원칙도 무시하고 순전히 내 마음 내키는 대로 게임을 진행했다. 그러다 보니 게이머들에게 욕도 많이 먹었다.

그럼에도 게임을 놓지 못한 이유는 외로워서였다. 게임을 하면 같이 경기하는 게이머들과 작은 소통이라도 할 수 있기 때문이었다. 비록 얼굴도 모르는 온라인 친구들일지언정 말이다.

또 다른 이유는 힘든 시기에 하루가 너무도 길었기 때문이다. 지겹도록 천천히 흐르는 시간이 나의 태만을 찌르고 부각시키는 것 같아 견디기 힘들었다. 아무것도 하지 않고 누워만 있다 보면 '이렇게 인생이 망가져 가는구나' 하는 생각이 들어 자신이 너무 한심했다. 오직 밤이 와서 의식이 끊어지기를 바랐다. 그럼 더 이상 자책하지 않아도 되니까.

멍청하게 모니터를 바라보며 두통이 올 때까지 게임을 하다가, 배가 너무 고프면 피자나 치킨을 시켜 먹고 다시 게임을 하다가 지칠 때쯤 잠을 잤다. 목적도 쾌감도 없이 자학하듯이 게임을 했다. 그러던 중 근무하던 병원에서 같이 일하는 간호사가 남자친구를 소개해주었다. 이름은 신우였고 대학생이었는데, 게임을 무척이나 잘했다. 롤은 기본적으로 5 대 5로 하는 게임인데, 마침 멤버 한 명이 부족하다며 자기 친구들과 PC방에서 게임을 하자고 했다.

37살 아저씨와 23살 대학생 네 명이 매일 같이 게임을 하는 신기한 장면이 연출되었다. 그들은 처음엔 내가 어려웠는지 '선생님', '과장님'으로 부르다가, 게임을 하며 치킨이나 삼겹살을 몇 번 사주고 편해지자 '형'이라고 불렀다.

그 시점부터 나의 태도는 달라졌다. 동생들에게 미안해서라도 지지 않기 위해 열심히 게임을 했다. 국가대표라도 된 것 마냥, 올림픽 경기라도 하듯이 집중해서 게임을 했다. 지면 몹시 분하고, 아슬아슬하게 대역전을 했을 때는 PC방이 떠나가라 소리를 지르고 서로 하이파이브를 했다.

매일 저녁 6시에 신우와 그 친구들을 만나 밥을 먹고 게임을 했다. 가끔 PC방 아르바이트 직원이 시끄럽다고 주의를 줄 만큼 우리는 떠들썩하게 즐거운 시간을 보냈다. 그러면서 문득 내가 자주 웃고 있다는 것을 깨달았다. 다시는 진심으로 웃을 일이 없을 줄 알았는데 말이다. 남들이 나를 어떻게 보든, 무엇이라고 평가하든 상관없이 그저 이 순간 마음 편히 행복할 수 있다는 것을 알았다.

그 무렵 나는 변하기 시작했다. 퇴근 후가 즐거웠기에 일하는 것도 그리 힘들지 않았다. 조금만 참고 애써보자며 나를 달랠 수 있었다. 그렇게 지겹고 갑갑했던 공기가 조금씩 달라지는 것을 느꼈다. 하루하루가 의미 없고 지옥 같았는데, 어느새 내일이 기다려졌다.

막막하기만 한 날 속에도 누구에게나 자신의 영역에서 숨 쉴 작은 틈이 되어주는 것들이 있다. 그것이 게임이든 운동이든 영화 감상이든 그 어떤 취미든 내 마음에 달라붙어 일상을 견디게 해주는 존재들이 있다. 나의 '덕심'에 힘입어 조금씩 웃다 보면 어느덧 내 마음도 말랑해지는 순간이 올 수 있다. 내가 좋아하는 롤 게임과 페이커 선수에게, 무엇보다 무수한 시간을 같이 게임 하며 나를 웃게 만들어준 신우와 친구들에게 깊은 감사를 전한다.

나의 슬기로운 의사생활

Part 3

극한의 업무를
견디는 의사들

의과대학을 졸업하려면 6년이 걸린다. 이 6년이라는 시간 동안 의대생들은 최소 300회 이상의 시험과 발표를 치러야 한다. 예과 2년을 거쳐 진학하는 본과 4년의 기간 내내 치열한 등수가 매겨지는데, 한 학년이 보통 120명이라고 치면 매년 10퍼센트 정도의 학생이 유급을 당한다.

즉 본과 1학년은 120명에서 시작하여 2학년은 108명, 3학년은 90명, 4학년은 대략 80명만이 다음 학년으로 올라갈 수 있다. 같은 해 입학한 동기들 가운데 60~70퍼센트만이 한 번도 유급하지 않고 올라가는 것이다.

대학교를 졸업하면 의사국가고시를 치르는데 이 과정에서 5퍼센트의 지원자가 탈락한다. 시험에 합격하면 대학교 내신성적과 의사국가고시 성적을 합산하여 인턴 지원을 한다. 전국의 거의 모든 의과대학 졸업생들은 이른바 '빅4'라고 불리는 대형 대학병원에서 인턴을 하고 싶어 하는데, 여기서 또 많은 지원자가 떨어진다.

1년 동안 한 달마다 옮겨다니며 다양한 과를 경험해보는 인턴생활이 끝나면, 본인이 원하는 과를 골라 '대학교 내신성적+국가고시 성적+인턴 성적'을 기준으로 레지던트(전공의)를 지원한다. 여기서도 인기 과(피부과, 성형외과, 정형외과 등)는 정해져 있고, 역시 지원자 중 성적순으로 합격된다.

퇴근하지도 못하는 레지던트 1년 차

레지던트 1년 차가 되면 그야말로 인생에서 가장 바쁘고 정신없고, 자존감이 바닥을 치는 시간을 보낸다. 하루에 16시간을 일하면서도 나는 죄인이고 멍청이고, 다른 사람의 짐만 되는 존재인 것이다. 온종일 욕을 먹고 혼나고, 죄송하다고 사과하는 나날의 연속이다.

과에 따라 조금씩 다르지만 1년 차 대부분은 이틀에 한 번 당직을 선다. 신경외과나 흉부외과 1년 차의 경우는 일주일에 무려 4~5회 당직을 한다. 여기서 말하는 당직이란 야근이나 숙직이 아니다. 병원에 그냥 남아 있는 개념이 아니라, 실제로 밤을 새우면서 다음 날 출근 시간 전인 오전 7시까지 응급실 콜과 병동 입원 콜을 받는다는 것을 의미한다.

보통 레지던트 1년 차는 2인 1조의 개념으로 내가 첫째 주월·수·금·일요일 당직을 서면, 다음 주는 화·목·토요일 당직을 선다. 이 일정이 계속 반복된다. 공휴일, 명절, 크리스마스 등 그 어떤 휴일도 예외는 없다. 이틀에 하루는 무조건 당직이다. 즉 '당직-오프-당직-오프'의 반복만 있을 뿐이다.

결국 당직 날은 36시간을 연속으로 근무하는 셈인데, 월요일이 당직이면 내 일과는 월요일 오전 7시에 시작되어 다음 날 화요일 오후 7시에 끝난다. 이때 화요일 오후 7시부터 수요일 오전 7시까지의 12시간의 휴식을 '오프'라고 한다. 그렇다면 수요일은? 또 당직이다. 새로운 36시간의 근무가 시작되는 것이다.

응급실이나 병동에서 콜이 없을 때 자면 되지 않느냐고 하는데, 과연 그럴까? 대형 병원의 경우 밤사이 수많은 환자들이 응급실로 들이닥치고, 병동에는 의료진의 손길을 시급하게 요하는 중증 환자들이 늘 입원해 있다. 또 병동에서 콜이 없더라도 수시로 입원 환자들의 상태를 살펴야 한다.

예를 들어 소화기 내과 레지던트 1년 차라고 한다면, 당직 날에는 오후 7시부터 다음 날 오전 7시까지 모든 소화기 내과 환자의 케어와 응급 상황 처치를 혼자 감당해야 한다. 세브란스병원 같은 대학병원은 새벽에도 거의 10분에 한 번씩 콜이 온다. 누울 일이 없이 밤에 거의 깨어 있다고 보면 된다. 그래서 내과 1년 차들은 대부분 당직 때 아예 잘 생각을 하지 않고 발표 준비나 부족했던 공부, 술기(수술 기술)를 연습하고, 논문을 읽으면서 책상에서 밤을 보낸다. 왜 그렇게까지 하느냐고?

그래야 당직이 아닌 오프 날 제대로 퇴근할 수 있기 때문이다. 오프라고 해도 당직이 끝나자마자 퇴근할 수 있는 것은 아니다. 출근해서 정상 업무를 해야 하고, 정식 퇴근 시간인 오후 7시가 되어야 비로소 쉴 수 있다. 그렇게 36시간의 업무가 끝나면 이제는 집에 갈 수 있을까? 아니다. 오프 날도 위 연차나 교수님이 시킨 일, 숙제, 차트 정리 등의 일을 하다 보면 퇴근하지 못하는 날이 더 많다. 그래서 당직 날은 대부분 잠을 못 자고, 오프 날은 퇴근 후에 남은 일을 하다가 오후 11시쯤에 잔다. 즉 오프는 쉬는 날이 아니라 잘 수 있는 날이다. 7시간쯤 자면서 다음 날 오전 6시에 일어나 새로운 하루를 준비하는 것이다. 하지만 이날은 또 당직을 해야 하는 날이다. 1년 차는 이 일과를 계속 반복한다.

이렇듯 레지던트 1년 차는 그야말로 병원에서 산다. 과장이 아니라 실제로 그렇다. 병원에는 으레 1년 차 숙소가 있으며, 그들은 집을 따로 구하지 않는다. 어차피 퇴근하지 않기 때문이다.

심지어 내과 1년 차에게는 '100일 당직'이라는 룰 아닌 룰이 있다. 처음 1년 차 업무를 시작한 3월부터 6월 중순까지는 자기 당직이 아닌 날도 병원에 남아서 일을 배우며 익히라는 취지의 과정이다. 한마디로 일을 익숙하게 할 때까지는 쉬어도 병원에서 쉬라는 뜻이다. 이 100일 당직이 드디어 끝나는 6월의 어느 날이면, 병원 근처 호프집에서는 내과 1년 차들이 무리를 지어 술을 마시는 이벤트를 볼 수 있다. 그 자리에서 1년 차들은 그간의 울분을 터트리며 목소리를 높여 얘기를 나누고, 위 연차 선배와 교수를 밤새 뒷담화 하며 회포를 푼다.

모든 내과 의사들이 1년 차에 이 과정을 거친다. 신경외과나 흉부외과 같은 비인기 과는 당직 룰이 그보다 더 심하다. 응급의학과도 마찬가지이다. 부끄럽지만 나는 인턴 때 내과와 신경외과, 응급의학과 1년 차 선배들의 모습을 보며 그 과들을 선택지에서 미련 없이 패스해버릴 수 있었다. 나는 잠이 많고 게으른 편이라 도저히 그 과에서 버틸 자신이 없었다. 내가 정신과 의사가 된 여러 이유 가운데 하나는, 다른 과에 비해 잠을 많이 잘 수 있고 출근 시간이 가장 늦은 과였기 때문이다. 신경외과 1년 차는 오전 5시에 하루를 시작하며, 내과는 6시, 정신과 의사는 7시쯤에 하루를 시작한다. 인턴 때 지켜본 정신과 의사들은 그나마 병원에서 사람답게 사는 편이었다.

그렇다고 정신과 1년 차의 삶이 만만하다는 얘기는 아니다. 나는 신촌 세브란스병원에서 인턴과 레지던트로 근무했다. 1년 차 때 당직은 타 과와 마찬가지로 이틀에 한 번이었고, 당직 날 그 큰 병원에 정신과 의사는 오직 나와 전문의 교수님 한 분뿐이었다. 당직 중에 두 시간이라도 이어서 잠을 잘 수 있다면 그날은 복 터진 날이었다.

당직을 서면 응급실로 최소한 네다섯 명의 정신과 환자가 왔고, 병동의 전화는 20분에 한 번꼴로 왔다. 응급실 환자를 진료하고 침대에 눕고, 20분 후에 다시 일어나 병동에 가고, 다시 침대에 누우면 20분 후에 다시 응급실에 새로운 환자가 왔다는 연락을 받았다(그 시절 내 병원용 전화기의 벨소리는 빅뱅의 '거짓말'이었는데, 나는 이 노래를 세상에서 가장 싫어한다. 지금도 그렇다). 그러다 보면 어느 틈에 벌써 해가 떠 있고 샤워를 하며 잠을 깨우곤 했다. 구체적으로 이 점이 내가 정신과를 택한 결정적 이유 가운데 하나다. 내과 1년 차는 아예 침대에 눕지도 못하며 10분에 한 번꼴로 전화가 온다. 실로 엄청난 차이다.

　당시 신촌 세브란스병원의 레지던트 당직실에는 샤워기가 한 대뿐이어서 아침에 무척 힘들었다. 강남 세브란스병원은 샤워기가 다섯 대 이상이어서 기다리는 일이 없었는데, 신촌 병원에서는 부지런히 서둘러야만 당직 후에 깔끔하게 출근할 수 있었다. 게으른 편이던 나는 머리를 못 감고 출근한 날이 많았는데, 그럴 때마다 선배와 교수님들에게 "당직한 것 티 내냐? 쯧쯧, 나 때는 말이야." 라며 혼이 났다. 그리고 "머리를 못 감는 건 게으르고 일을 효율적으로 하지 못하기 때문이야. 그것만 봐도 의사의 실력을 알 수 있어." 라며 잔소리를 들었다. 이때 억울한 표정을 짓고 있으면, 표정이 좋지 못하다고 또 혼이 났다.
　시쳇말로 이렇게 빡세게 일하고 세후 약 280만 원의 월급을 받았다(신촌 세브란스병원 2007년 기준으로 아산병원을 제외하면 월급이 가장 높았던 것으로 기억한다). 최소한 주 '120시간', 즉 한 달에 480시간 이상을 공휴일, 휴일, 명절 없이 일하면서 280만 원을 받는 것이다(앞에서도 말했지만 실제로 휴일이 없다. 1년 차의 달력에는 '당직-오프-당직-오프'가 있을 뿐이다. 오늘이 무슨 날인지는 아무 의미가 없다). 이 금액을 시간으로 산정하면 5,000~6,000원인데 당시의 최저시급이 3,480원이었으니 그보다 약간 높은 수준인 셈이다.

물론 2020년 현재는 13년 전보다 월급이 나은 수준이다. 평균적으로 세후 350만 원쯤 된다고 한다. 당직도 줄고, 주 80시간 이상 일을 못하도록 법률로 정해졌다.

꼰대 같은 발언일 수도 있지만 13년 전만 해도 레지던트 1년 차는 '번아웃'을 입에 담기도 어려울 때였다. 교수님들에게 번아웃으로 힘들다는 소리를 하면, "그래? 그만두면 되겠네." 하는 시절이었다.

격무에 숨 돌릴 틈 없는 2~4년 차

혹독하기 그지없는 수련 과정인 레지던트 1년 차의 장래 희망은 다름 아닌 '2년 차'가 되는 것이다. 2년 차가 되면 어떨까? 물론 1년 차보다는 낫다. 2년 차의 삶도 도저히 인간의 삶이라고 볼 수는 없지만, 이전에 훨씬 불쌍한 1년을 보냈기에 행복할 수 있는 시절이라는 뜻이다.

무엇보다 2년 차로서 내 잡일을 대신해줄 사람이 생기는 것은 축복이다. 예를 들면 '프라이머리primary 당직'을 서느냐 '백Back 당직'을 서느냐는 그야말로 하늘과 땅 차이다. 프라이머리 당직이란 응급실 콜이 왔을 때 전화를 먼저 받아서 환자 면담 및 상태를 파악하고, 이를 요약해서 당직 위 연차에게 보고하는 것을 말한다. 여기서 많은 일이 1차로 걸러진다. 미숙한 1년 차가 당직을 혼자 설 경우 해결할 수 없는 일이 생기기 마련이고, 이를 대비해 위 연차가 함께 당직을 선다. 이런 방식이 백당직이다. 2년 차는 침대에서 자다가 1년 차가 깨우면 일어나 보고를 받고 환자의 경중에 따라 응급실에 내려갈지 말지를 판단한다. 그리고 이 중에 일부를 당직 교수에게 보고한다. 여기서 일이 2차로 걸러진다.

2년 차여도 이틀에 한 번 당직을 서고 36시간을 연속으로 일하는 삶은 똑같지만 당직 때 쪽잠을 잘 수 있다는 점, 아래 연차가 있다는 점은 엄청난 차이다. 대신에 1년 차 관리, 논문 작성, 대학원 수업 병행 등 새로운 과업이 부여된다. 그래도 전체적으로 일과가 돌아가는 과정에서 생기는 부담은 1년 차보다는 덜하다. 지난날 2년 차가 되어 신입 1년 차를 맞았을 때의 그 흥분과 기쁨은 아직도 잊히지 않는다.

레지던트 3년 차가 되면 어떨까? 이제는 드디어 이틀에 한 번씩 당직을 서지 않아도 된다. 군대와 여러 면에서 비슷하다고 보면 이해하기 쉽다. 이등병에서 일병, 그리고 이제 상병이 된 것이다. 1년 차, 2년 차 기수의 부하직원이 있고, 일주일에 두 번만 당직을 서도 된다. 하지만 1, 2년 차보다 자는 시간이 조금 늘 뿐 업무의 과중함은 여전하다. 그래도 융통성을 발휘해 조금은 뺀질거릴 줄도 알게 된다.

이런 연차별 특성은 과마다 다르고 내과, 신경외과 등은 숨돌릴 틈도 없이 고되다. 신경외과는 3년 차가 되어도 1년 차와 거의 같다고 보면 된다. 아래 연차가 애초에 지원하지 않아서 일할 사람이 없거나, 중간에 포기하고 그만둬버리기 때문이다. 실제로 신경외과와 흉부외과는 항상 미달되는 과였고, 중도에 도망가는 자가 속출했다. 눈물 없이 지켜볼 수 없는 과다.

산부인과에서도 가끔 중간에 도망가는 레지던트가 제법 있었는데, 내가 의학 자문을 했던 드라마 〈슬기로운 의사생활〉에서도 그런 에피소드가 나왔다. 동기가 힘들다고 도망가버린 탓에 추민하 선생이 3일 동안 혼자 연이어 세 번 당직을 서는 '당-당-당'을 겪을 때는 내 일처럼 화가 났다. 72시간을 연속으로 일했는데 내가 고생한 것을 알아주는 사람은 없고, 거기다 막상 도망친 놈은 푹 쉬고 돌아와서 위로를 받는 상황이라면 성인군자라도 욕이 튀어나올 것이다.

3년 차까지 잘 버텨내면 레지던트 마지막 연차인 4년 차가 된다. 이제는 말로만 듣던 주 5일 근무를 할 수도 있다. 세상에, 명절 때 고향에 갈 수도 있고, 가족과 1박 2일 여행도 갈 수 있다. 엄청난 특권이다. 더 놀라운 것은 7시에 정시 퇴근할 수 있다는 점이다. 아, 교수님이 그 전에 퇴근하기만 한다면 말이다. 물론 이 같은 삶은 흉부외과, 신경외과 등에는 해당되지 않는다. 그들에게는 숨 돌릴 시간조차 사치라고 여겨진다.

그럼 이처럼 청춘의 시간을 온통 갈아넣어 레지던트 과정을 마치고 30대 중반쯤 전문의가 되면 어떤 삶을 살게 될까? 워라밸을 즐기며 그동안의 고생에 대한 보상을 받을 수 있을까?

번아웃에 빠지기 쉬운 전문의의 일상

드라마 〈슬기로운 의사생활〉에 등장하는 의사들은 대부분 여유가 넘치고 행복해 보인다. 서울대 수석 졸업 출신의 천재 외과 교수인 이익준과 재벌 2세 산부인과 의사인 양석형, 병원 재벌인 소아외과 의사 안정원, 고작 41세에 대학병원 흉부외과 과장에 오른 김준완, 매사 똑 부러지고 흠잡을 데가 없어서 동료 의사들의 선망의 대상인 신경외과 교수 채송화 등 이 인물들은 직업적 커리어가 안정되고 앞으로도 탄탄대로를 걸을 것만 같다.

이들의 일상도 매력적이긴 매한가지이다. 연애에 골프에, 심지어 레지던트와 썸도 탄다. 신경외과, 흉부외과, 산부인과, 외과, 소아외과 같이 병원에서 최고로 바쁜 곳으로 꼽히는 과의 교수 다섯 명이 매주 모여 밴드 연습까지 한다. 정말 대학병원 교수의 삶이 이럴 수 있을까?

실제 현실인 43세 내과 전문의 A 씨의 삶을 들여다보자. 내과 의사로서 대학병원에서 18년째 근속 중인 A 씨는 지금껏 의사 생활을 하면서 '처음으로' 일주일간 휴가를 냈다(정확히 말하면 신혼여행 이후 처음이다). 그는 비행기며 여행을 위한 각종 예약을 하는 것도 신경 쓰기 싫어서 오직 집에서 쉬며 일주일을 보냈다. 특히 아이들이 어린이집에 가 있는 오전 8시부터 오후 4시까지 8시간 동안은 인생에서 느껴보지 못한 이루 말할 수 없이 평안한 시간이었다. 무엇에 쫓기지 않고 그저 가만히 있어도 되는 8시간이 너무나 낯설고 달콤했다.

　그는 전문의가 되어서도 오전 7시 30분까지는 병원에 도착해서 회진을 준비했다. 그럼 퇴근은 조금 빨랐을까? 오후 외래가 끝날 무렵인 5시가 되면 입원 환자 회진과 레지던트 교육이 기다리고 있고, 응급 환자 관리와 급한 처방을 정리해놓고 나면 이미 밖은 깜깜해지고 밤 9시가 되었다. 그때는 퇴근할 수 있었을까? 아니, 여기까지가 기본적인 루틴 업무이다. 오후 9시부터는 본격적으로 병원의 행정 작업이나, 강의 준비, 논문 작성을 한다. 그러다 보면 밤 12시가 되어서야 비로소 퇴근할 수 있었다. 사실 12시 퇴근은 A 씨에게 야근이라고 볼 수도 없었다. 자정이 넘어 새벽이 되기 전에 퇴근할 수 있는 것만도 다행이었기 때문이다.

　주말 근무 역시 마찬가지였다. 토요일 외래는 다른 교수님들이 출근하지 않으니 평일보다 환자 수가 두 배 가까이 많다. 오후 3시가 마지막 접수인데, 대기 환자를 모두 진료하고 나면 아무리 빨라도 5시가 되었다. 그리고 병동과 응급실 회진을 돌고 나면 8시나 되어서야 퇴근할 수 있었다. 이 또한 당일 응급 환자나 중환자들이 없어야 가능한 일이었다. 토요일에는 자동차를 이용하든 대중교통을 이용하든 어떻게 퇴근해도 집까지 1시간이 넘게 걸리는데, 8시에 퇴근하면 이게 무슨 주말 근무인가라는 생각에 허탈했다.

　그럼 일요일에는 쉴 수 있었을까? 병원에서 막내 교수인 A 씨가 정규직을 보장받으려면 SCI(Science Citation Index, 과학기술 논문 인용색인) 점수가 높은 논문을 1년에 적어도 두세 개는 써야 한다. 꽉 찬 일과로 평일에는 논문 준비가 어렵기 때문에 의사들은 보통 휴일에 논문 작업을 한다. 그런데 논문 자료 중에는 외부 인터넷으로는 연결이 안 되는 데이터베이스가 많아서 결국 일요일에도 대부분 병원에 가야 한다.

그나마 일요일이 평일과 다른 점은 점심때까지 늦잠을 자다가 출근할 수 있다는 것이다. 그런데 A 씨는 두 아이를 키우고 있어서 그 짧은 휴식마저 즐길 수 없었다.

이런 생활을 십수 년 동안 하고서 맞은 휴가는 A 씨에게 그야말로 '만병통치약'이었다. 일주일간의 휴식이었을 뿐인데 고질적인 불면증과 짜증, 불안과 두통, 허리 통증, 어깨 결림, 소화불량, 변비, 위식도 역류 증상이 모조리 해결되었다. 다음 날 몇 시에 일어나도 상관없다는 것, 즉 지각할까 봐 알람을 맞출 필요도 없고 출근할 생각에 걱정하지 않고 잠자리에 드는 것만으로도 행복했다. 또 논문 레퍼런스(인용 및 참고문헌)를 찾기 위한 자료 검색이 아니라, 스포츠 기사를 보기 위해 인터넷을 하고 유튜브를 보며 멍하니 있을 수 있다는 것, 점심으로 피자를 시켜놓고 시간에 쫓기지 않고 먹을 수 있다는 것, 집 근처 공원으로 나가 산책도 할 수 있다는 사실이 너무 즐거웠다. 심지어 휴가 3일째 되던 날 들른 백화점에는 평일 낮이라 사람이 거의 없어 텅텅 비어 있었는데, A 씨에게 이 광경은 마치 신세계처럼 다가왔다.

이렇게 A 씨의 꿈같던 시간은 빠르게 흘러 휴가 6일째인 토요일 밤에 끝났다. 그는 월요일 아침에 밀려 있을 환자와 업무들,

서류 작업을 생각하니 도저히 일요일에 마음 편히 쉴 수 없겠다는 생각이 들었다. 결국 A 씨는 휴가 마지막인 일요일 오전 10시에 출근해서 밀린 업무를 살피고 처리한 후 밤 10시가 넘어 퇴근했다. '이 정도 일을 해놓으면 휴가로 인한 업무 부담이 그렇게 크지 않겠지' 하는 생각에 조금 위안이 되었지만, 언제 없어졌냐는 듯이 불안과 두통이 다시 찾아왔다.

40대 중반을 바라보는 A 씨가 이런 강행군을 계속할 때 신체적으로는 언제 쓰러져도 이상하지 않은 상황이다. 정신적으로도 피폐해지는 것은 물론이다. A 씨뿐 아니라 대다수 의사들에게 규칙적인 식사는 거의 불가능한 일이다. 아침밥이야 집에서 먹고 나온다고 쳐도, 점심 식사는 10년째 간단한 도시락이나 김밥, 빵으로 때운다. 저녁은 거르기 일쑤고, 오후 9시가 넘어서야 야식을 먹는데 보통 쉽게 시켜 먹을 수 있는 치킨이나 피자, 족발 등을 먹다 보니 고혈압과 당뇨의 위험을 차곡차곡 쌓는 셈이다. 바쁜 와중에 참석하는 회식 자리에서 울며 겨자 먹기로 마시는 술의 폐해는 덤이다.

그럼 A 씨가 퇴사하면 그의 불안과 우울감, 두통 등이 해결될까? 앞에서도 설명한 바 있지만 퇴사가 유일한 해답은 아니다. A 씨의 사례가 증명해주었듯이 사표를 내고 싶을 정도로 힘들다면, 충분히 쉬며 치유하는 기간을 가져야 한다. 일주일간의 휴가라도 스트레스의 많은 부분이 해결될 수 있다. 무엇보다 개인 차원에서 앞으로 어떻게 일과 휴식의 균형을 유지할지에 대해 적극적으로 생각해봐야 한다. 이 뻔한 해결책을 알면서도 많은 사람들이 경제적인 이유로 쉴 기회를 갖지 못한다. A 씨도 마찬가지였다.

물론 대중적으로 의사는 고액의 연봉을 받는 직업으로 알려져 있다. 하지만 드라마나 영화에 나오는 것처럼 돈이 많은 의사는 극소수인 데다 전공과 근무 여건에 따라 월수입은 천차만별로 나뉜다.

하지만 의과대학 6년, 인턴 1년, 레지던트 4년의 수련 과정만 합해도 11년이다. 즉 전문의 자격을 얻는 데에만 11년이 걸린다. 남성의 경우 여기에 군대 복무를 포함하면 14년이 걸린다. 일반인은 보통 2년 가는 군대를 의사는 군의관이건 공중보건의건 36개월을 꽉 채워서 가야 한다. 즉 20살에 의과 과정을 시작하면 34살이 되어야 전문의가 되고, 재수나 삼수, 편입 등을 하면 30대 중·후반에서야 비로소 전문의가 될 수 있다.

A 씨는 의과대학, 인턴, 레지던트 과정 11년을 마친 후 군의관으로 3년을 복무한 다음 35살에 펠로우를 시작했다. 펠로우란 임상강사로 레지던트와 교수의 중간 과정을 말한다. 전문의 자격을 취득한 후 대형 병원에서 자신의 전공과목에 대해 좀 더 전문적인 연구를 하며 진료하는 의사를 가리킨다. 아직 교수가 되지 못한 전문의로 교수 후보, 막내 교수 등으로 불리며 당직 같은 고된 일부터 교수들의 온갖 잡일을 도맡아 한다.

10년 전과 달리 이제는 레지던트에게 주 80시간 이상을 근무하지 못하게끔 법제화했는데, 결과적으로 나머지 일들을 펠로우가 독박을 쓰고 수행하는 시스템이 되어버렸다. 한마디로 펠로우 1년 차는 레지던트 1년 차보다 더 힘들다. 끔찍하다! A 씨는 그 펠로우 생활을 3년이나 했다. 그러고 나서야 '교수'가 되었다. 그럼 교수가 된 이후에는 삶이 편해졌을까?

20대에 밤을 새우며 자주 당직을 서는 것과 30대 후반이 되어 그렇게 일하는 것은 피로에 따른 회복력을 비교할 수가 없다. 더욱이 긴 시간 집중력을 유지해야만 하고, 자신의 실수가 환자의 생명과 직결되는 스트레스 높은 상황에서 장기간 근무해온 사람이라면 회복력은 더 떨어질 수밖에 없다.

제대로 관리되지 못한 만성 스트레스는 인지능력과 집중력을 떨어뜨리고 세로토닌 용량의 만성적인 저하와 고갈을 일으켜 번아웃을 불러온다.

A 씨가 그토록 열심히 일한 데에는 여러 이유가 있을 것이다. 의사로서의 책임감과 사명감도 있을 것이고, 한편으로는 유명 대학병원의 교수 자리를 놓칠 수 없다는 마음도 있었을 법하다. 경제적인 이유도 있을 테고 말이다.

여하튼 생명을 다루고 환자들을 진료하는 의사의 경우 자신이 하는 일에 분명한 동기가 없다면 그 지난하고 험한 의과 과정을 견디기 어려운 것은 사실이다.

A 씨가 펠로우 2년 차이던 시절 다크서클이 짙게 내려오고 수척해진 얼굴로 내 앞에 섰을 때, 나는 걱정스러운 마음에 그에게 지금보다 조금 편한 병원으로 취직할 것을 권했다. 하지만 그

는 "똥 밭에 구른 게 몇 년인데…. 이제 와서 포기하기는 너무 늦었어." 라며 깊은 한숨을 토했다.

조교수 자리를 취득한 지금 A 씨는 행복해졌을까. 고용 안정성과 교수 직함이 주는 명예가 그의 삶에 그나마 위안이 되었을까…. A 씨는 당직이 아닌 평일에도 교수실 구석의 간이침대에서 잔다고 한다. 전임 계약의 조교수가 되었지만, 그의 삶은 여전히 레지던트 1, 2년 차 때와 크게 달라 보이지 않는다.

삶과 죽음의 경계를 지키는 응급의학과 의사

밤에 응급실에 와본 사람들이라면 모두가 알 것이다. 전쟁터가 따로 없다는 걸. 이곳저곳에서 들리는 비명 소리와 신음, 피범벅이 된 얼굴이나 손을 대충 처치한 채 대기하고 있는 환자들, 밤에 갑자기 아파서 축 처진 아이를 안고 온 부모들, 무작정 소리 지르며 난동을 부리는 주취자 등등…. 각자의 안타까운 사연과 때로는 부주의한 사고, 각종 사건으로 야간의 응급실은 긴장감이 사라질 틈이 없다.

응급실은 오는 순서가 아니라 위급한 환자 순서대로 진료하는 것이 원칙이다. 그렇다 보니 차례가 올 때까지 기다릴 수밖에 없는 환자와 보호자들의 마음은 애가 타들어 간다. 가족에 대한 걱정으로 두렵고 예민해져 친절한 말이 나오기 어렵다. 때로는 짜증을 내고 고성을 퍼붓기도 한다.

"선생님, 우리가 먼저 왔는데 왜 계속 기다려야 해요?"

"결과는 도대체 언제 나와요? 괜찮은 거죠?"

"내가 누군지 알아? 당장 높은 사람 불러!"

인턴 시절 응급실 근무는 매번 긴장되고 불안했다(아, 그리고 배고팠다. 응급 환자 콜로 뛰어나간 사이 먹고 있던 짜장면은 불어터지고, 김밥이나 햄버거는 말라버리는 탓에 결국 버리고 다시 시킨 적이 수도 없다). 응급 상황의 최전선에서 밀려드는 환자를 살피는 일은 새내기 의사로서 감당하기가 어려웠다. 여기저기서 호출이 이어지고 급박하게 처치해야 하는 일들이 한꺼번에 몰아닥쳤다.

"인턴 선생님, 13번 환자분 동맥혈 검사 해주세요."

"7번 할아버지 MRI 검사실로 모시고 가주세요."

"소아과 레지던트 선생님이 당직실로 빨리 오시래요."

아직 아는 것도 별로 없고 경험도 부족한데, 내 설명만 목 빠지게 기다리고 있는 환자와 보호자들 앞에서 당황하지 않는 것만도 큰 노력이 필요했던 시절이었다.

하지만 응급의학과 의사들은 위급한 상황에도 검사와 치료를 동시에 해내며 주저함이 없다. 산소포화도가 떨어지고 맥박이 멈춰 비상 알람이 '삐삐' 울려대는 통에 정신이 하나도 없는데, 의사가 할 수 있는 모든 처치를 단호하게 해낸다. 그리고 어찌할 수 없는 순간을 맞으면 또 묵묵하고 담담하게 아침을 맞는다.

호된 인턴 시기를 겪고 있던 어느 날 응급실 의사 선배가 새벽에 내 어깨를 툭 치며 커피를 권하던 때의 기억이 아직도 생생히 떠오른다.

"힘들지?"

"네…. 선배님은 겁나지 않으세요? 환자의 생사가 내 손에 달렸다는 게 무섭고 힘들지 않으세요?"

"일이니까…."

"선배님, 저 응급의학과를 지원해볼까 생각 중이에요."

"야, 넌 못해. 일주일에 몇 번이나 멱살 잡히고 욕먹고 경찰 오고, 그런 일까지 감당할 수 있겠어? 괜한 생각 하지도 마라. 1년 내내 5분 대기조로 병원 근처에 살면서 여태껏 와이프랑 여행 한 번 가본 적이 없어."

"그렇게 고생만 하고 돈도 많이 못 벌고 알아주는 사람도 별로 없는데, 그럼 선배는 왜 응급의학과를 선택했어요?"

새파란 후배의 질문에 답 대신 씩 웃던 선배의 모습이 긴 여운을 남긴 새벽이었다. 후배가 고생할까 봐 손사래를 치며 뜯어 말리던 선배의 마음은 정작 얼마나 착잡했을까.

잠도 못 자고, 가족들도 못 챙기고, 칭찬보다 욕먹는 게 일상이면서 왜 응급실 근무를 선택한 것일까. 이유는 하나뿐이다. 환자를 살리기 위해서. 그 일이 다른 가치보다 행복하기 때문이다.

'3분'. 어떤 사람에게는 담배를 한 대 피우고, 커피를 몇 모금 마실 그 짧은 시간 동안 응급실 의료진은 뇌출혈 환자를 살리고, 심정지 환자를 가족의 품으로 돌아오게 한다. 울면서 머리 숙여 고마워하는 보호자들의 인사를 받을 새도 없이 의사들은 다음 응급 환자에게로 향한다. 폐렴 때문에 숨을 못 쉬는 할아버지, 장난감을 삼켜서 기도가 막힌 꼬마, 술에 취해 다친 채로 응급실을 한바탕 뒤집어놓은 중년의 아저씨 등등.

이렇게 전쟁 같은 밤을 치르고 대기실에 그 많던 사람들의 소리가 잦아들면 그제야 날이 밝아옴을 알게 되는 것이 응급실의 일상이다.

군데군데 피 묻은 셔츠와 가운, 며칠 동안 감지 못해 기름진 머리, 30대 후반밖에 안 되었는데 희끗희끗한 머리… 선배의 지친 모습과 더불어 10년 넘게 응급실에서 일하며 겪었을 숱한 괴로움, 그의 손을 거쳐간 삶과 얼굴들을 떠올려본다. 무던한 미소 속에 그가 짊어진 생명의 무게를 가늠해본다.

나는 선배에게 의사로서 죽음과 고통을 대하는 방식이 자신에 대한 원망으로 스며들지 않는 태도를 배웠다. 또 슬픔을 갈무리하는 의연함과 배려심도 배웠다. 그러니 어떻게 선배에게 감사의 인사를 전하지 않을 수 있을까.

오늘도 분투하며
나를 돌보지 않을 당신에게

"회사가 전쟁터라고? 밖은 지옥이다."

직장인의 명언으로 남은 〈미생〉의 이 대사는 어떻게든 버텨 살아남아야 하는 직장인의 애환과 갈등이 잘 드러난 말이 아닐 수 없다. 퇴사하기 전에 우리는 냉정해져야 한다. 억압과 자유는 종이 한 장 차이다. 회사가 있기에 누릴 수 있는 자유와 안전망도 있다. 월급과 사회적 네트워크, 소속감 등이 그것이다. 실제로 직장이 없으면 대출조차 제대로 받을 수 없다.

무작정 퇴사한다고 행복해질 수 있을까. 출퇴근이 없는 삶은 휴식과 일의 경계가 없다. 게을러지기 쉽고, 직장과 집의 구분도 없다. 퇴사해서 일이나 사람으로부터 자유로워진 것은 잠깐의 착각일 뿐 실제로는 더 자유로워지지 못한다. 평생 일을 안 해도 될 정도로 경제적인 자유가 있으면 퇴사해도 괜찮겠지만, 그렇게 여유 있는 사람이 얼마나 될까. 아니, 애초에 그런 사람은 직장을 그만둘까 말까 하는 고민에 시달리지도 않을 것이다.

그렇다고 퇴사는 무조건 안 된다는 말도 아니다. 자율성과 안정감 중에 자신이 원하는 가치를 선택하고 따라가면 된다. 다만 회사 밖의 삶은 자유에 따른 또 다른 책임감과 압박을 감내할 수 있어야 가능하다는 점을 말해두고 싶다.

현재 나는 작은 의원을 운영하고 있다. 월급쟁이 의사를 그만두고 개업을 준비할 당시 주변에서 극구 만류하던 기억이 어제의 일처럼 떠오른다. 이재에 밝지도 않고, 추진력이 강한 것도 아니며, 심지어 모아둔 재산도 별로 없는 내가 사업을 하면 분명히 고전할 것이라는 우려 때문이었을 것이다. 사실 나조차도 그렇게 생각했다.

나, 왜 이렇게 되었을까

2016년 1월, 서울대학교병원에 남을지 아니면 개업을 할지를 두고 머리가 터질 듯이 고민하고 또 고민했다. 박봉의 임상강사 자리를 계속 유지하면서 언제 생길지도 모르는 교수 티오table of organization에 인생을 걸어야 하나라는 생각에 두려웠다. 개업을 하려면 한 살이라도 젊을 때가 좋다, 나이 들어서 시작하면 체력이 떨어져서 더 힘들다는 지인들의 조언도 머릿속에 맴돌았다.

당시 나는 4평짜리 골방(우리 펠로우들은 '닭장'이라고 불렀다)을 10명이 같이 쓰는 서울대 정신과 펠로우방에 이골이 난 상태였다. 한번은 교수님께 지나가는 말로 펠로우방에 대해 물었다.

"서울대병원에서 왜 유독 펠로우방만 이렇게 시설이 열악한 건가요?"

"글쎄, 헝그리 정신이 생기라고 그런 게 아닐까? 교수가 되면 내 방이 생기니까, 거기서 이를 악물고 논문을 쓰게 되는 원천이 될 수도 있고….'

일리가 있는 말이기도 하다. 펠로우란 교수가 되지 못한 '미생'이다. 어쩌면 그 좁은 방에 펠로우 10명을 몰아넣은 이유는 이 중에서 결국 1명만 교수가 된다, 너희는 모두 경쟁자다, 너가 방심하고 있을 때 네 옆의 라이벌은 논문을 쓰고 있다는 식의 경각심을 불러일으키기 위한 것일 수도 있다.

하지만 나는 천성이 그렇지를 못했다. 다른 펠로우의 논문이 저명한 저널에 통과되면 경쟁심이 끓어오르기보다는 오늘은 피자를 얻어먹을 생각에 그저 신났다. 나는 내 논문에 대한 걱정보다는 다른 사람들 생일에 어떤 케이크를 살지, 무슨 센스 있는 선물이 좋을지를 고민하는 사람이었다.

나는 1명만 살아남는 이 대학병원의 교수 레이스를 끝까지 완주하지 못할 사람임을 어느 순간 깨달았다. 하지만 그랬음에도 '서울대학교병원', '대학병원 의사'라는 딱지를 떼어내는 시도는 정말 쉽지 않았다. 어디에서 누구를 만나도 내 명함에 사람들은 나를 좀 더 인정하고 다시 봐주었기 때문이다. 그것이 내심 뿌듯하고 기뻤다. '이런 명함 없이도 나는 충분히 인정받을 수 있어'라며 사회적 지위를 무시할 수 있을 만큼 나는 자존감이 높지 못했던 것이다. 나를 지켜본 지인들도 이렇게 말했다.

"네 성격에는 대학병원이 맞아. 사업은 돈 욕심도 많고, 경쟁적인 사람이 잘되는 거야. 밖은 정글이야! 너 같은 '순둥이'는 살아남기 힘들어. 그나마 대학이 덜한 거야."

대학병원에서 내 경쟁자는 다른 펠로우들뿐이지만, 개업하는 순간 주변의 모든 정신과 의사들이 내 경쟁자가 될 것이다. 그리고 아직은 병원 경영과 홍보, 직원 관리, 세무 등 이 모든 일을 아우르며 관리할 엄두가 도저히 나지 않았다.

나는 이것도 저것도 선택하지 못해 애매한 타협을 하게 되었다. 교수가 될 자신도, 개원해서 적극적으로 돈을 벌 자신도 없었기 때문이다. 좀 더 시간을 두고 고민해보겠다는 생각에, 전주에 있는 한 병원에 취직을 했다.

절반은 도망치는 심정으로 전주로 내려온 나는 도통 마음을 다잡지 못했다. 친해지려고 다가오는 동료 의사나 직원들의 손길도 대부분 거절하고, 회식 자리나 모임도 빠지기 일쑤였다.

당시 나는 업무 외 시간을 오로지 게임이나 주식투자를 하며 보냈다. 공허한 마음을 달래기 위해서였지만, 그렇게 시간과 마음을 태워버린들 불안감은 사라지지 않았다. 어디로 향해야 할지 갈피를 잡지 못했기에 인생의 의미도 행복도 느낄 수 없었다.

조금씩 나는 무기력하고 우울해지고 있었다.

'왜 이렇게 된 걸까?'

내일이 되면 괜찮겠지, 일주일 쉬면 나아질 거야라고 생각했지만, 나는 조금씩 그리고 확실하게 망가져 갔다.

출근 시간이 9시인데 9시 20분이 되어서야 병원에 도착하곤 했다. 퇴근 시간 역시 내 마음대로였다. 6시에 퇴근해야 하는데 5시 30분에 집에 가버리는 날도 있었다. 매달 둘째 주 수요일에는 전 직원을 상대로 세미나가 있었는데, 이사장과 병원장이 직접 들어와 의사들 출석을 체크했음에도 매번 결석을 했다. '찍히건 말건 상관없어. 잘리면 다른 병원에 가면 돼' 하는 식이었다. 결국 1년을 방황하며 어슬렁거리다 병원을 그만두기로 했다.

가끔 전북대학교 본과 3학년 학생들이 실습을 나왔는데, 그들을 보면 과거의 내가 떠올랐다. 12년 전의 나는 이렇게 의욕 없고 망가진 사람이 될 것이라 생각이나 했던가. 의사로서 창창한 미래가 기다릴 것이라고, 행복은 보장된 것이라고 생각했었다. 왜 그리도 오만했을까. 아니, 어디서부터 잘못된 것일까.

내가 이렇게 변한 원인을 찾고 싶고, 자존감을 되살리고 싶었다. 하지만 아무리 애를 써도 잘되지 않았다. 사람들에게 인정받고 잘나가는 교수가 되고, 강남의 아파트에서 돈 걱정 없이 살고 싶었는데 아무것도 이룬 게 없었다.

또 그것을 '내 탓이요' 하고 인정할 용기도 깜냥도 없었다. 그저 부모 탓, 남 탓을 하기 일쑤였다. 금수저가 아니어서 출세하지 못한 것이다, 부모가 부자였으면 내가 이렇게 지방 병원에 다니며 살고 있지 않았을 것이다, 진즉에 좋은 선 자리에 나가서 부잣집 딸과 결혼했으면 형편이 나았을 것이다 등등 온갖 핑계를 대면서 도망치기 바빴다.

나는 그저 시간이 지나가기를, 이 순간을 누가 끝내주기를 바랐다. 누군가 와서 내 인생을 도와주기를 무기력하게 기다리기만 한 것이다.

번아웃, 나의 한계를 인정하기까지

'번아웃'에 빠진 사람은 자기에게 번아웃이 온지 모른다. 휴식하고 재충전해야 하는데, 자신의 상태를 자각하지 못하니 치료의 시작도 없다. '내가 번아웃이라고? 아니야, 시간이 지나면 괜찮아질 거야' 라며 자신을 속인다. 휴식할 시기임을 인정하고, 마음의 재활을 위한 긴 여정을 감내할 용기가 없기 때문이다. 그렇게 부정한다고 달라지는 것은 없고, 아무것도 나아지지 않는데 도리어 억지를 부리며 집착한다.

2016년 9월, 서울대학교병원에서 교수 티오가 났다. 정규직이 아닌 1년 계약직이었지만 좋은 기회였다. 한창 지원 서류를 준비하던 중 지인으로부터 그 자리에 지원하는 유력한 다른 후보자가 있다는 것을 전해 들었다. 그는 내 펠로우 동기였는데, 나는 그와 통화한 후 자신감을 완전히 잃어버렸다. 그가 준비하고 있는 논문들, 박사 학위, 지도교수님의 인맥 등 모든 것이 나와는 상대가 안 되겠구나 하는 생각이 들었다.

나는 너무도 쉽고 나약하게 지원을 포기했다. 그리고 '떨어진 것이 아니라 양보한 거야' 라며 자신을 속였다. 최소한의 자존심이라도 지키고 싶었던 것이다. 나는 그저 멍하니 눈앞의 기회가 사라지는 것을 쳐다보면서, 원래 내 자리가 아니었겠거니 하며 주저앉아 버렸다. 그렇게 나약해진 마음은 스스로에 대한 분노와 미움을 불러왔다. 자신에 대한 수치심은 자기 혐오를 불러일으키는데, 이럴 때 사람은 자해 행동을 하게 된다. 처음부터 자기 몸을 다치게 하지는 않는다. 대개 술이나 도박을 시작하는데, 나의 경우는 주식이었다.

당시 나는 손절의 뜻도 모르는 주식 초보였다. 그저 찌라시 몇 개, 지인이 알려주는 정보에 의지하여 이름도 모르는 기업에 거의 전 재산을 털어 넣었다. 하루 종일 주식창만 쳐다보면서 빨간색이면 행복했고 파란색이면 우울했다. 조울증처럼 감정 기복이 심했고 예민해졌다.

시간이 흘러 주구장창 손실만 거듭하던 끝에, 나는 무려 2억 원이 넘는 돈을 날리게 되었다. 2006년부터 2016년까지 11년 동안 모은 전 재산 3억 원을 두세 종목에 몰빵했다가 낭패를 본 것이다. 나는 A사, B사, C사에 투자했다. 심지어 C사는 비상장 주식이었는데, 인터넷 카페 글의 찌라시와 오픈 채팅에 곧 상장할 것이라는 소문이 돌았다. 명확한 근거도 없는 유령 같은 정보에 현혹된 나머지 C사에 1억 5,000만 원을 투자했다. 그런데 1만 7,000원에 산 주식이 어느 순간 5,000원까지 떨어졌다. B사는 더 심했다. 2만 원에 산 주식이 4,800원까지 떨어졌다.

3억 원으로 시작한 주식 계좌가 7,500만 원이 되던 순간, 나는 환자를 상담할 의지마저 꺾였다. 아무 이유 없이 면담하던 환자에게 짜증을 내고 있다는 것을 깨달은 2017년 1월, 나는 병원

일을 그만두어야 한다는 것을 드디어 인정했다.

당신, 쉬어도 돼요

여행을 다니면서 지친 몸과 마음을 추스르고 싶었으나, 전 재산이 거의 다 날아간 터라 쉴 수가 없었다. 게다가 부모님 생활비로 꼬박꼬박 150만 원씩을 보내야 하는 형편이었다. 번아웃을 겪으면서도 결국 밥벌이와 돈의 족쇄에 묶여, 나는 다시 구직 자리를 찾아보기 시작했다. 지금의 내 상태에서도 일할 수 있는 비교적 근무시간이 짧고, 업무 강도가 낮은 곳을 찾아야 했다.

그렇게 일자리를 물색하던 나는 안동의료원으로 가게 되었다. 내가 안동에 내려간다고 했을 때, 지인 중 한 명은 "귀양 가냐? 무슨 죄지었어? 아니면 나 모르게 결혼했다가 이혼했냐?" 라고까지 물었다. 당시 나는 모든 것을 내려놓고, 아니 포기하고 안동에서 월급이나 많이 받으며 속 편하게 살자는 마음이었다. '나도 한때는 세브란스병원, 서울대학교병원에서 폼 잡으며 의사생활도 하고, 학회 발표도 했었지' 라며 꼰대처럼 추억이나 되새김질하고 살자는 식이었다.

안동의료원에서 나의 일과는 다음과 같았다. 9시에 출근해서 노인 환자 한두 분을 진료한다. 이곳 노인분들 대부분은 농사로 바빠서서 1분 만에 진료받고, 약만 타서 가시곤 했다. 그리고 나서는 다른 병동에서 온 협의 진료(내과나 외과 등 다른 병동에 입원한 환자가 불면증, 우울증, 섬망 등의 정신과적 문제가 있어서 정신과 의사의 도움이 필요한 경우 요청을 받아 진료하는 것)를 하러 간다. 협의 진료는 하루에 서너 건 있을 때도 있고, 없을 때도 있다. 이 일을 하고 돌아오면 10시 정도가 된다. 그러면 다시 한두 명의 환자가 와서 대기하고 있다. 5분 정도면 상담과 약 처방이 끝난다. 그러면 나의 일과는 끝이었다.

나는 오전 11시쯤이 되면 응급실로 내려가곤 했다. 일하는 게 아니라 공중보건의로 파견된 재형이와 수다를 떨기 위해서였다. 그와 얘기할 때는 레지던트나 인턴 시절로 돌아간 것 같았다. 이제는 아무와도 친해질 수 없을 줄 알았는데, 쉽게 그와 가까워진 것은 내가 그만큼 사람에 목말라 있었기 때문일 것이다.

병원에서 보는 것 외에도, 일주일에 이틀 정도는 재형이와 거의 종일 함께 시간을 보냈다. 병원 식당에서 같이 점심을 먹고, 저녁에는 치킨이나 피자 등을 시켜 먹었다. 살이 찐 것 같다고 투덜대며 함께 아령을 몇 번 들었다 놨다 운동도 하고, 롯데자이언츠가 매번 경기에서 지는 걸 보면서 함께 욕하기도 했다.

당시 결혼을 앞둔 재형이는 앞으로 어디서 일할지, 미국으로 건너가 다시 공부할지 등을 심각하게 고민 중이었다. 그렇다 보니 대학병원에서 경험을 쌓고 부침을 겪었던 나의 조언이 필요하다고 했다.

"나 같은 실패자 얘기가 무슨 도움이 된다고."

처음에 나는 얘기하기를 꺼렸다. 상처를 다시 헤집는 것 같고, 애써 묻어둔 아픔을 다시 수면 위로 떠올리고 싶지 않았다. 그 누구에게도 부끄러운 나를 보여줄 용기가 없었다.

그러던 어느 날 나는 도망치듯이 직장을 포기한 것, 연애에 실패한 것, 부모님과의 갈등, 10년 동안 모은 돈을 주식으로 다 날려서 지금은 빈털터리나 다름없다는 말까지 꺼냈다. 그런 사적인 얘기를 왜 재형이에게는 할 수 있었을까. 아마 내가 더 이상 참을 수 없을 만큼 외롭고 지쳤기 때문이었을 것이다. 누구에게라도 의지하고 싶고, 내 얘기를 토해내고 싶었던 것이다.

재형이에게 가장 고마웠던 것은 '형은 금방 다시 일어설 수 있을 거예요' 라는 말을 하지 않았다는 점이다. 왜냐하면 번아웃에 빠져 있던 나는 '왜 금방 일어서야 하는데? 계속 이렇게 살면 안 돼? 난 너무 지쳤는데 그냥 주저앉아서 살면 안 돼?' 이런 마음이었기 때문이다. 재형이는 그저 가끔 "저도 그런 적 있어요. 힘들었겠어요." 라는 정도의 맞장구만 쳐줄 뿐 억지로 위로하려거나 희망을 심으려 하지 않았다.

"형은 앞으로 어떻게 할 생각이세요?"

"모르겠어. 아무것도 자신이 없네."

어느 날 나는 이런 말을 담담히 꺼낼 수 있을 만큼 그에게 마음을 열고 있었다.

항상 다른 사람의 눈을 신경 썼고, 명함에 박힌 소속과 대학병원 이름에 집착했고, 서울대학교병원 명함을 여전히 들고 다녔던 나에게 그런 말을 꺼내는 것은 쉽지 않은 일이었다. 인정해버리면 지는 것 같고, 실패한 내 자신을 받아들일 수 없어서 늘 자신 있는 척, 여유 있는 척했다. 외롭지 않냐고 누가 물을 때는 혼자가 편하다고 여유를 부렸지만, 실은 너무 외로웠다. 나를 돌봐줄 가족의 존재가 사무쳤지만 그렇지 않은 척했다. 자기 집을 사고 경제적으로 안정되어 가는 친구들을 보면서 부러웠지만 '돈이 행복의 기준은 아니야' 라며 현실에 초탈한 듯 허세를 부렸다. 가질 능력이 없었던 명품 옷이나 포르쉐 등의 고급 자동차를 부러워하면서도 그것을 가진 친구들을 허영에 가득 찼다며 비난했다.

신기하게도 재형이 앞에서는 그런 척할 필요성을 느끼지 못했다. 아무 자신도 없고 모르겠다는 내 말을 듣고, 그는 이렇게 말했다.

"형, 그래도 돼요. 좀 쉬어도 돼요."

누구도 내게 그런 말을 해주지 않았다. 친구, 부모님, 심지어 나를 상담한 정신과 의사조차 말이다. "지금 포기하면 너무 아깝잖아.", "조금만 더 참자 아들.", "도망간다고 해결되는 것은 아니잖아.", "힘내, 다 잘될 거야."

힘내, 힘내, 그놈의 힘내! 있는 힘 없는 힘 전부 쥐어짰는데 무슨 힘을 더 내라는 말인가. 42.195 마라톤 결승선 1킬로미터 앞에서 쓰러진 사람에게 이제 다 왔으니 1킬로미터만 참으라는 말이 무슨 의미가 있나? 왜 포기하면 안 되는데? 누구를 위해서 완주해야 하는데?

이처럼 번아웃은 나에게 향하는 관심과 애정조차 의심하게 만들었다. 부모님이 나에게 "힘내, 조금만 더 참자." 라고 하면 "왜요? 제가 일 안 하고 쉬면, 생활비를 못 드릴까 봐요?" 라고 쏘아붙일 만큼 나는 지쳐 있었다.

'쉬어도 돼요'라는 말이 얼마나 간절했는지⋯. 사실 나는 그 말을 어머니에게 듣고 싶었던 것이다. 나는 무엇인가를 이루고 나서야만 쉴 수 있는 줄 알았다. 교수가 되거나, 강남에 집을 사거나, 남들이 인정하고 부러워할 무엇인가를 해내야만 비로소 쉴 자격이 있다고 생각하며 살았다. 내 주변에는 성공하거나 아니면 실패하거나 둘 중 하나였고, 중간은 없었다. 실패자의 변명은 그저 게으름을 감추려는 것이고, 징징대며 남 탓 사회 탓이나 하는 것은 미성숙함을 스스로 드러내는 꼴이라고만 생각했었다.

'그런 생각이 틀린 게 아닐까?'라는 의심은 한 번도 가져본 적이 없었다. 왜 그랬을까, 누구에게 그렇게 배웠을까. 왜 경주마처럼 달리고 경쟁하고, 숫자에 집착하며 칭찬받는 인생에만 목을 맸을까.

재형이는 내가 가끔 울컥하거나 눈물을 글썽일 때면 크게 놀라지도, 과하게 반응하지도 않았다. 그저 어깨를 가만히 두드리고 감싸주었다. 나보다 덩치가 커서일까. 가끔은 그가 형처럼 느껴질 때도 많았다. 그의 사려 깊은 행동과 말들은 내 모든 것을 내비쳐도 비난하거나 무시하지 않을 것이라는 믿음이 들게 했다. 정신과 의사인 나보다도 훨씬 그는 정신과 의사다운 사람이었다. 재형이는 아주 자연스러운 방법으로 나의 자존감을 높여주었다. 내가 쓴 저널을 읽어보았는데 재밌었다거나, 궁금한 정신과 증상에 대한 질문도 자주 했다. 아무리 짧은 대화라도 그는 항상 이렇게 마무리했다.

"아, 역시 오늘도 형한테 배우네요."

그 말에 조금이라도 가식이나 위선이 섞였다면 나는 금세 알아챘을 것이다. 그때의 나는 열등감과 예민함으로 가득했기 때문이다. 하지만 그의 말에는 진심 외에 아무것도 섞이지 않은 담백함이 있었다.

재형이와 얘기한 뒤로는 더 이상 오늘 하루가 불안하거나 지겹지 않고, 기대가 되는 것을 느꼈다. 나는 다시 웃기 시작했다. 번아웃으로 메말랐던 나에게 드디어 새로운 물이 스며들고 있다는 느낌이었다.

결국 다시 일어서는 힘은 나에게 있다

그즈음 나는 드디어 운동을 시작했다. 헬스클럽을 다니면서 1년 반 만에 체중을 재봤는데 88킬로그램이었다. 14킬로그램이나 살이 쪄 있었다. 그조차 모를 만큼 내 몸과 자신에게 관심이 없었던 것이다. 나를 미워했고, 될 대로 돼라는 식이었다. 문득 '조금은 살을 빼볼까?' 하는 동기가 생겼다. 드디어 오랫동안 멈춰 있던 내 도파민 공장에 다시 불이 들어온 순간이다.

오전 9시에서 오후 5시까지 근무하는 것 외에, 재형이와 저녁 먹는 것, PC방에 가는 것, 그리고 매일 헬스장에서 조금씩 운동하고 목욕하며 하루를 마무리하는 루틴이 생겼다. 일상의 체계가 생기기 시작했고, 아주 조금씩 내 삶은 끔찍한 무료함으로부터 벗어나고 있었다. 매일 하는 운동은 10분이 15분이 되고, 20분이 되었다.

2017년 9월 즈음 재형이가 물었다.

"형, 내년에는 뭘 하실 생각이세요?"

아마 예전 같았으면 이런 말에 또 상처를 받고 예민해져서는 동굴로 들어가 잠수를 탔을 것이다. 하지만 당시 나는 아주 조금은 회복되어 있었다.

"글쎄."

재형이는 그 짧은 대답만으로도 나의 변화를 알아차렸다. 바로 이 변화를, 이 변화의 의지를 놓치지 않는 것이 너무도 중요하다. 그래서 번아웃에 빠진 사람에게는 인내심 있는 가족이나 친구의 역할이 매우 필요하다. 아무리 심각한 번아웃과 우울증을 겪는 사람이라도 힘내보려는 마음과 의지가 1년에 두세 번은 든다. 하지만 그 의지는 너무 나약한 것이어서 그 순간 위로와 지지를 받지 못하면 어린 새싹처럼 시들어버리고 마는 것이다.

다행히도 재형이는 그 순간을 놓치지 않았다.

"형, 제가 형이 쓴 브런치 글을 읽어봤는데 정말 재밌던데요."

"에이, 그거 아무도 안 봐. 조회 수도 폭망이야."

브런치는 글을 쓰는 플랫폼이다. 안동에서 너무 무료한 나머지 글을 써볼까 하는 생각에 2017년 3월쯤에 가입하기는 했는데, 그 뒤로 거의 글을 쓰지는 않았다.

"아니에요. 제 친구도 브런치에 글을 쓰는데, 그 글로 작가 데뷔도 했어요."

작가라…. 나도 그런 꿈을 꾼 적은 있었다. 초등학교 시절 글짓기 대상을 받았을 때, 대학 시절 문학 교양 수업에서 A+ 학점을 받았을 때 등등 내심 언젠가 책을 한 권 써보리라 그런 생각을 한 적은 있었다.

"내 주제에 무슨."

"제가 보기엔 형 글이 그 친구 글보다 나아요. 브런치에서 가끔 출판 지원도 하더라고요."

어쩌면 나도 작가가 될 수 있지 않을까, 이 무기력한 삶을 바꿀 수 있는 기회가 되지 않을까 생각한 적도 있다. 하지만 번아웃 상태에서 억지로 짜낸 내 글은 재미없고 성의도 없었다. 자신감과 의욕이 없으니 열심히 쓰지도 않았던 탓이다. 조회 수는 형편없었고, 역시나 그럴 줄 알았어 하는 생각에 더 이상 글 쓰는 것을 포기했었다.

"저도 그렇고, 제 와이프도 형 글이 좋대요."

그냥 하는 위로일 텐데, '한번 해볼까' 하고 마음이 흔들렸다. 당시 〈청춘시대2〉라는 드라마가 있었다. 배경이 연세대학교라 왠지 그리운 마음에 보기 시작한 드라마였는데, 이 드라마에 대한 감상을 글로 써보면 어떨까 하는 호기심이 들었다.

드라마에서 트라우마가 있는 여주인공인 유은재가 선배였던 전 남자 친구를 다시 만날지 말지를 끝없이 고민하는 부분이 있다. 당시 나도 헤어진 여자 친구를 다시 만나볼까 고민하던 시기였다. 실제로 미련을 버리지 못해, 그녀에게 띄엄띄엄 연락하곤 했지만 다시 만나자고 매달릴 용기가 없었다. 능력 있고 잘난 여자 친구에게 다시 열등감이 들까 봐, 내가 상처를 받을까 봐 두려웠던 것이다.

그렇게 갈팡질팡하다가 브런치에 써본 글이 "헤어진 남자 친구를 다시 만나도 괜찮을까요." 라는 글이었다. 무리할 이유도 허세를 부릴 필요도 없었다. 번아웃으로 1년 넘게 주저앉아 있던 나는 다시 걸음을 연습하는 마음으로 아무런 기대 없이 글을 썼다.

그런데 일주일 만에 이 글이 5만 회가 넘는 조회 수를 기록했다! 브런치 메인을 넘어, 카카오톡 메인, 다음 메인에까지 포스팅되었다. 물론 이 일이 아주 대단한 성과는 아니다. 실시간 검색에 오른 것도 아니고, 그때는 브런치가 무엇인지도 모르는 사람이 대부분이었다.

하지만 개인의 삶에서 볼 때, 번아웃과 우울증으로 폐인처럼 집에 틀어박혀 살던 나에게는 눈물이 날 만큼 기쁜 일이었다. 조회 수가 몇천이 넘었다, 몇만이 넘었다며 울리던 그 알람 소리를 아직도 기억한다.

내 글을 다음이나 카카오톡 메인에서 봤다며 안부를 물어오는 지인도 있었다. 글이 너무 좋았다, 공감한다는 댓글 하나하나가 정말 너무나 고마웠다. 기나긴 터널의 끝에서 아주 희미한 빛이 비친 느낌이었다.

나도 무엇인가 다시 해냈다는 성취감을 대체 몇 년 만에 느껴보는 것일까. 나 자신이 조금이나마 뿌듯하고 자랑스러웠던 적이 얼마 만일까. 정말 작은 한 걸음이었다. 그 한 걸음을 떼는 데까지 번아웃에 빠진 내 메마른 뇌는 1년 8개월이 걸렸다. 지금 생각하면, 그때가 모든 것의 시작이었다.